相信宇宙就好

提升波動能量，加速開創現實

いつだって、宇宙を信頼すればいい

吉岡純子——著　楊鈺儀——譯

前言 沒問題，一切都會順利

大家好，我是吉岡純子。

感謝你拿起了這本書。

我在幾年前還是個尼特族。負債、生病、遭遇事故，還以為戀愛了，卻被當成了備胎……。

因為還滿慘的（笑），所以我曾認真想過：「好想早點回去那個世界了……。」

這樣悲慘的我因緣際會下接觸到「現實創造論」，人生有了巨大的轉變。

現在，我經營的公司每年業績都提升，幸福的婚姻迎來三週年，真的每天都過得很幸福。

正因為如此，我才希望那些像我過去一樣為「人生」感到疲累，但還是想獲得「幸福」活下去的人，能夠知道「現實創造論」，因而持續推廣。

即便只有多一個人能活出自我，我也想要為人們能豐盛、幸福地生活幫上忙，所以我以YouTube為主，使用肉眼看不見的力量（情緒、思考、波動等），來發送波動法則・量子力學・腦科學等「現實創造論」的資訊，以幫助許多人創造「自己期望的現實」

二〇二一年八月，我遇到了一個轉機。

我的健康狀況崩壞，被送進了醫院。

這場病完全出乎我意料之外。

我身上被安裝上了各種監控儀器，過著絕對靜養的每一天。

我的口鼻隨時都罩著氧氣罩，無法自由說話。

「或許，離開的時機到來了。」
在遠去的意識中，我曾如此感覺著。

然後某一天，我從自己的肉體中瞬間抽離出來，
成為了意識體，從病房的天花板，
看著躺在床上的我自己。

這就是所謂的靈魂出竅吧。
我看著躺著的自己。

同時，意識也不斷被帶往上升。
這件事只發生在一瞬間。

「我被帶去了宇宙的彼端啊。」

我一邊從宇宙的盡頭看著躺在床上痛苦呻吟的自己，一邊這麼想著。

此時，我的背後出現了一股很強大的氣息。

我不確定那是什麼。

但很不可思議地，我沒有一絲不安與恐懼，只有龐大的寂靜與安心。

我甚至感覺到像是被最喜歡的鄉村爺爺守護著那樣令人懷念的感受。

那個存在說：

「妳可以一直保有這樣的視角喔。」

我一直盯著躺在床上的自己，
結果有張陰陽太極圖覆蓋在我身上，
並緩緩轉動了起來。
「沒問題。一切都會很順利。
不論發生什麼，妳都可以放心。
妳可以一直保有這樣的視角。
保有現今在此所感受到的波動。
只要這樣就好。

因為一切都會順利的。」

那個存在這樣跟我說。

下個瞬間，我的意識就回到了肉體。

這個體驗在我心中著實是一個很重大的覺察。

一言以蔽之，就是讓我感受到了「只要保有這樣的視角・觀點・意識，人生就全都會很順利……因為其中有著無懈可擊的無限力量……」這種感覺。

★ 現實是你放出的波動所形成的

我與現實創造論相遇的契機是因為《有求必應》（二〇〇八年，心靈工坊出版）這本書。書中提到了亞伯拉罕，那不是人名，而是指涉宇宙中集體意識的名稱。伊絲特・希克斯（Esther Hicks）接收到了來自亞伯拉罕的訊息後，寫出了統整過後的內容。

這本來就很超現實，對只相信肉眼可見事物的我來說，完全不相信亞伯拉罕所說的：

「你眼前的現實，是由你的思考、放射出的情緒・波動所形成的。」

「透過提高自己放射出的情緒・波動，就能靠自己創造出理想的現實。」

更遑論一開始聽到時我根本不知道那是什麼意思（笑）。

可是只要仔細回想一下就能明白，像這種事其實曾經突然出現在自己周遭。

例如一般常說的「禍不單行」，回想後就發現，愈是煩躁就愈趕不上電車，或是更容易碰上待人嚴厲的人而更感煩躁……或許情況就是這樣……。又或者是「說起來，之前中了優惠券很高興的時候，也吃了一直都很喜歡的蛋糕而感到非常的幸福、開心。」

就像這樣，平時雖不太在意，但似乎與自己情緒・波動相近的東西，又或是有關係的東西都會靠近自己周圍。所以我覺得，這樣的情況可不能輕忽。

「與自己有共振・共鳴的東西會以某種形式靠近自己」「自己所放射出的情緒・波動是如何創造出現實的呢？」……我莫名在意起這些事來，於是試著以自己的方式持續進行有關現實創造論機制的研究與實驗。

結果就**親身體驗到與自己刻意調整後的思考・情緒・波動同一步調的事**。

「若刻意將心情調整成是『快樂』『開心』的，就拿到奶奶給的零用錢了！」

「刻意保持好心情去付錢，結果金額就成倍的回到自己身邊了！」

我體驗到了這樣的現實。

「這就是亞伯拉罕所說：『自己的思考・情緒・波動會創造出現實』，這是絕對的宇宙真理！」我完全信服這套理論後，就不斷累積了與自己波動相符的體驗。

到目前為止，我之所以能確實實現「某個瞬間的期望」，像是「創業」「出版書籍」「結婚」「年收〇〇億日幣」「經營超過萬人的大型線上社群」等，都是因為相信著「自己的思考・情感・波動會創造出現實」這個現實創造論，遵循著那觀念而打造出了那些現實。這點是毋庸置疑的。

★「變化時代」的現實創造，關鍵是像「月亮」那樣的「寧靜波動」

使用自己思考・情感・波動的現實創造論中的基本觀念，就是「不要因積極正面而興奮，而是要想著該如何保持明朗的思考・情感・波動，這麼一來，就能創造出『期望的現實』」。

正因如此，該如何保持開朗、明亮、閃閃發光的快樂波動才是重點。若自己愈是發出像太陽那樣的波動，就愈能創造出與之同調的現實，所以我除了告訴大家「要有如太陽般明朗的能量！」自己也隨時都想著要保持這樣的狀態。

不過，誠如開頭中所提到的，在住院期間帶領我前往「宇宙彼端」的波動明顯與之完全不同。

告訴我「保有現今、在此所感受到的波動吧」時的波動是「無」與「靜」，和「開朗、明亮」完全不一樣，具體來說，是像月亮那樣「安靜又沉穩」「凜冽」的感覺。

我察覺到這點後回想了一下，發現自己一旦只努力於「要有如太陽般明朗的能量！」時，若沒有做到就容易自責，或是情緒有所起伏、心理上的壓力變得很劇烈……。

此外，歷經了兩年多的新冠肺炎之禍後，世界出現了很大的改變，在這之中，現今我們所追求的，就是不過度被情緒左右、內心堅定的生活方式。

因此，接下來，對我們來說，能幫助我們創造現實的最強大友軍——能量，不只是像「太陽」那樣的「動」能量，也是如「月亮」般的「靜」能量，以及「宇宙」所擁有的「無」的能量……這是我的想法。

而從出院後到現在，我是否仍維持著像以前那樣心情雀躍・興奮・開心的狀態過日子？其實不太會。

這不是因為我大病初癒，而是因為我深刻記著被帶去「宇宙彼端」時聽到的話語、看到的景色，所以非常在意，並想試著去相信。

因此，我每天會進行冥想，留心讓自己置身於「靜」與「無」的能量中。結果一回過神後發現，這麼做之後，心情變得頗為舒暢。而且我明明沒特別去期望，卻創造出了美好的現實，並陸續體驗到事情輕鬆就好轉了的情況。

當然，我也很喜歡入院前「心情雀躍・興奮且開心、暢快的自己」，但回過頭看，很遺憾，我的確也有勉強自己的時候。有時候會過於努力想著「一定得開朗不可」（我本來的氣質是陰鬱的阿宅）。

可是，即使不努力開朗，不勉強自己常保開心心情，也全都是ＯＫ的。就算不做這些事，也能創造出「期望的現實」，人生仍會出現好轉。

自有了這分覺察後，我變得確信，我們生活在可以說是有著劇烈變動的時代中，需要如月亮般沉靜且強大能量的盟友。

在此希望大家不要搞錯的是，不是說「現在完全不需要心情雀躍・興奮且開心、暢快的自己」，而是要讓這些情緒自然而然地發生。我們只是不用「為了創造現實而去勉強自己」。

自己所期望的「豐盛現實」可以靠自己創造。這是堅定的真理。

不過就像到目前為止我所告訴大家的，不是只有心情雀躍・興奮・開心時，才能靠自己創造出「富饒的現實」，保持著如月亮般的沉靜，以讓你更輕鬆、更適合接下來時代的形式，也能創造出期望的現實。

我將在本書中告訴大家這些訣竅。

請愉快地繼續閱讀下去喔。

高岡純子

Chapter 1

整頓「現狀」，加速「創造現實」

Chapter 4

「金錢」「無」與「靜」波動間深刻的關係

Chapter 5

「願望」沒有化為現實時，就要面對自我、了解自我

Chapter 6

為了成為「理想中的自己」，整頓習慣與日常生活的方式

Chapter 1

整頓「現狀」，加速「創造現實」

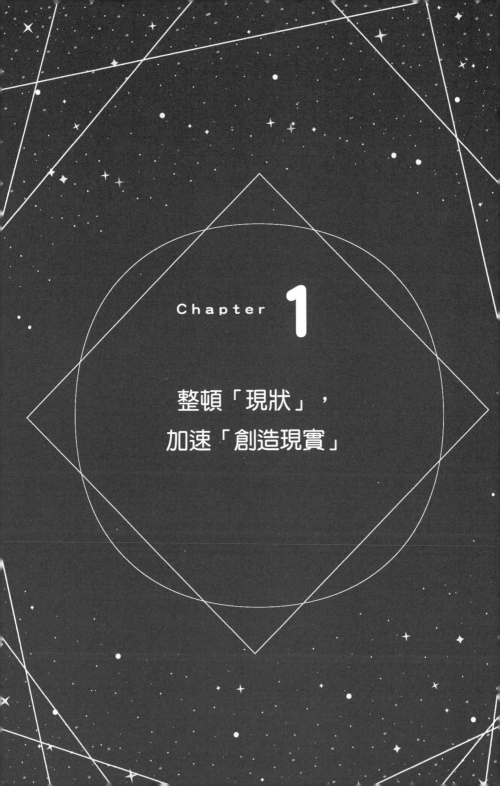

只要整頓「現狀」，就能打造出期望的現實

自出院後，我的感覺就和住院前不一樣了。

但要說是什麼改變？比起到目前為止說明的基本知識做法，像是「只要這樣做，就能創造出現實來唷！」我覺得「透過整頓自己的『現狀』，現實就會跟著改變」這樣的理論比較有效，而且希望大家知道，這樣會比較快形成現實。

不過對於不熟悉創造現實的人來說，或許會一頭霧水。因此，本書中摻雜了我到目前為止在YouTube以及書籍中曾告訴過大家的部分基本方法，同時也告訴大家「整頓自己『現狀』」這個是我現在在做的最強創造現實論。

那麼，具體來說，大家覺得怎樣的「現狀」才是好的呢？

一言以蔽之，就只是「沉穩的心態」而已。保持沉穩的心態，不要做出莫名的動搖、不要慌慌張張、不要煩躁不安、不要因為各種事情就立刻起反應，這點很重要。不過就是重視著今天這一天、當下的每個瞬間而活罷了。

要說這究竟是什麼意思？或許有人會認為：「什麼？要當和尚？」「是要當老奶奶嗎？」（笑），但其實只是像是吃飯時，感覺著「啊～真好吃啊」，或是抬頭仰望晴空，感受著「心情真好呢～」像這樣面對「當下」在自己眼前的事物、「當下」發生的事，抱著「感恩的心」而活而已。

感激自己每天的生活，試著比以前多些寬容，放慢生活的腳步。就只有這樣而已。

明明只做了這些事，實際上卻化為了現實，並有了很大的變化……。雖然只不過是不讓情感及波動大為紛亂，期望的事物甚至是超出期望的事物，化為現實的情況都變更快了！

例如以下這件事就發生在我和先生說「想去山梨縣旅行」的時候。

不久前我們才去了其他地方旅行，所以只要打開網頁，即便不特別搜尋也會跑出一堆飯店資訊。可是我明明連一次都沒去搜索「山梨地區」，卻冒出了超出自己想像的山梨超棒酒店，我大叫著：「這也太棒了！」然後幾乎立刻點擊決定。此前，搜尋自己理想中酒店時都很費一番心力，但卻發生了這件讓我打心底覺得「真是太幸運了」的事情。

實際到達那間酒店後，迎接我的是能看到雄偉富士山的絕景房，這更讓我滿懷感謝了……。

或許有人會覺得：「什麼啊，就這點小事啊……」但像這樣的現象，或大或小的都發生過很多次。

即便自己不卯足全力做一堆事，只要注意保持「沉穩的心態」，就可以用最小的行動，讓好事不斷發酵。

Thank you!

不要用「陽」或「陰」去做判斷

話說回來，為什麼我會想到「試著保持沉穩的心態」呢？

那是因為我想著要保有被帶去「宇宙彼端」時「該處的波動」。

我一邊回想著：「那個瞬間給我的感覺是『讓人心情安定』『很深刻的安心感』，而且不會有莫名的動搖，就只是沉穩地待著……」一邊想著「自己」能變得像是「該處的波動」那樣嗎？

此外，那個告訴我「一切都會順利」的存在又是什麼呢？我在出院後仍思考著這個問題。

而現在，我認為那個存在或許就是天之御中主神＊。天之御中主神是一切起源的神明，是統領天界最高的神祇，這樣想是很自然的，這樣一想，一切就都說得通了。

那個存在告訴了我：「一切都會很順利，所以不論處在什麼時候，都請安心度過吧」「確實帶著這樣的視角並保有這個波動・振動數吧」，之後，我愈是忠實地遵守這些教誨，就發生愈多像是前述「山梨縣酒店」那件事的現象，像是「連沒有期望的事情都實現了」「事情往超乎想像的方向發展了」之類。

此外，我「從宇宙彼端看到的景色」到底代表什麼意義呢……？我莫名在意這點，所以試著去查了一下，結果發現，那竟是能創造現實的真理，是圍繞著本質的視角！

首先我從「宇宙彼端」所看到的景色中，最有印象的就是在身上旋轉的陰陽太極圖，但那究竟代表著什麼呢？

＊註：天之御中主神，日本神話裡開天闢地的神，代表宇宙的根本與主宰。

以我的研究來說，我們人類會對事物做出各種評判，像是「好」「壞」，或是「上」「下」，莫名地就會區分為兩極。會想著「要排除那個」「要改變那樣的想法」……。

例如我們會想著：「早上是個大晴天真好。要是下雨就不走運了。」或是覺得：「要是收入增加，那就是『美好人生』了。若是收入減少，那就是『廢柴人生』了。」

另外，若是感受到「愉快」「開心」「好吃」等「陽」的情感而活就是「好」的狀態；若是感受到「悲傷」「痛苦」「難吃」等「陰」的情感而活就是「不好」的狀態。我們很容易做出這樣的評價。

而且我們會無意識地將活得很陽光開朗（看起來是那樣）的人，例如看起來很幸福的人、成功的人、有錢人、獲勝的人、貌似活得很充實的人、很受歡迎的人、住在大房子裡的人等，看得比自己還「高尚」。

反過來說，則會無意識地將活得很陰鬱（看起來是那樣）的人，例如看起來不幸的人、失敗的人、窮人、失敗者、無趣的人、被人討厭的人、住在小房子裡的人等，看得比自己還「低下」。

我們經常都會像這樣做出評斷，所以「人」容易只想感受著「陽」的情感而活。這麼一來，「人」就會有所偏離，結果「自己」會變得很痛苦。

可是，並非「陰」或「陽」就都是好的。因為品味過「陰」的情感才能拓展「人的度量」；因為嚐過「悲傷」「艱辛」「痛苦」這類情感，才會對人溫柔，才會意識到「想要成為能教導人的人」。

也就是說，正因為能接受「陰」「陽」兩者的體驗・情感，才能得知「本來的幸福」。不要立刻把事物分成兩極，對處在相反極端的事物（東西・人）說三道四，而是要以更高的觀點去看待，我是這麼想的。

超越陰陽的評判，擁有「俯瞰・宇宙的觀點」

陰陽太極圖中，白色的部分表示陽，而黑色的部分則表示陰。

我之所以會看見有陰陽太極圖在迴轉，我認為那正是讓我重新察覺「我們同時擁有陰陽。不論是陰是陽都很好」的訊息。

人類本就擁有兩方的情感，自然會體驗到這兩者。

亦即，重要的是，要能平衡這兩方情感的感受，就自己的「存在」來說，不要一喜一憂地想著是「陽」或「陰」，保持中庸很重要。

而陰陽太極圖之所以會旋轉，正是如同下述說法。

我們可以把陰陽太極圖看做錶盤，並將自己想成是時針。轉動的時針刻畫下時間，進行各種體驗，有時會希望可以停留在「陽」的部分，但實際上針沒有在動，在動的只有錶盤。也就是說，發生「陽」的事、發生「陰」的事，都是按順序來的，無法倒行。

而且，陰陽太極圖中的陰若達到極限，最後就會變成陽；陽若達到極限，最後就會變成陰，不論「陽」與「陰」各自的狀態如何滿溢，就像白色（陽）勾玉中有黑色的●，黑色（陰）勾玉中有白色的○那樣，不會停留在「百分百陰」「百分百陽」的狀態。

也就是說，在看似絕望的「陰」中也有光芒，看似無比喜悅的「陽」中一定會有陰影。

若用我的方式來統整，就是要平衡地去感受兩方的情感，並理解「所有的體驗都有意義，一切都會順利」。我察覺到了，在「自己軸心」中，應該要擁有這個「俯瞰・宇宙的觀點」。

若是活在像是「只歡迎『陽』」這樣的想法或評價中，就只會認可情感處在「陽」時的自己，無論如何都會否定處在「陰」時的自己，因為處在「陽」時的自己不想去到「陰」，就會拚命掙扎，「活著」這件事本身就會變得很痛苦。

以我來說，在生病期間，會特別感受到「艱辛」「痛苦」「悲傷」等「陰」的情感。「為什麼會變成這樣呢……」，我會在無意識中評價著「人生中發生了不好的事」。然後想著「真羡慕那些身體健康的人」，想趕緊處在「陽」的情感中。以這樣的想法度過每一天真的很痛苦，而且處在沒有生出「陽」的情感的現狀中，人就容易煩躁不安或容易變成放棄人生的模式。

在這期間的某個瞬間，我被帶去了「宇宙的彼端」，並被告知：「不論何時都要站在『這個視角（俯瞰・宇宙的觀點）』看待事物。因為有了這個經驗，一切才會順利。不論何時，都要保有現在這個視角所有的波動與振動數喔。」因而修正了意識的軌道。

然而，若是只從陰陽兩個方向來看，就會對自己現在的人生感到一悲一喜，然後希望不要只像「全都只有好事」的人生那樣，只構築出從「陽」的方向來看的人生。

這當然不是「期望幸福人生」的意思，而是「只要對所有的事都帶著俯瞰的觀點・波動，就能獲得『原本幸福』的機制」。

從「俯瞰・宇宙的視角」放射出的波動是什麼？

每天只要保持心情平穩，注意用「俯瞰・宇宙的視角」來生活，就會放射出那樣的波動。這麼一來，即便沒有許願，也會開始實現各種各樣的心願。

可是實際上，一般人會想：「用俯瞰・宇宙的視角而活到底是什麼意思呢？」

那就是我去到「宇宙彼端」時身體所感受到的感覺，就結論來說，就是試著用「全都ＯＫ」「一切都很順利」這樣的心態而活。

不論發生什麼事，不論感受到什麼樣的變化，都要想著：「這樣很ＯＫ」「這是必要的發展」，保持著高視角・意識，永遠信賴著「當下」來過日子。然後請試著在「當下」或「今天」中找出歡喜的事，懷著感謝，安心度過。

在《有求必應：22個吸引力法則》中，亞伯拉罕的情緒有二十二種刻度。那被稱為「亞伯拉罕的『情緒量表』」，應該大多數有在學習創造現實論或波動法則的人都知道。

我長時間以來都對亞伯拉罕將情緒細分成二十二種刻度懷有很大的疑問。

我尤其感到有疑問的一點是：「為什麼被說是對創造現實最重要的『興奮』這個情緒，沒有在『情緒量表』的最上方呢？」

在二十二個階段的情緒中，上面七個都是正面積極的情緒，但在創造現實論中經常被提到的興奮這個「積極的期待」卻只是第四個情緒。

人們常說：「想創造出期望現實時，要保持興奮。」但為什麼看似與創造現實論沒有直接關係的「喜悅」「愛」「察覺」「感謝」等是位在最上端的？……對此，我感到非常疑惑。

情緒量表

1	喜悅、察覺、有力量的感覺、感謝、自由、愛
2	熱情
3	熱誠、幹勁、幸福
4	正面積極的期待、信念
5	樂觀的心態
6	希望
7	滿足
8	寂寞
9	悲觀的心態
10	不滿、煩躁、焦急
11	被擊垮的狀態
12	失望
13	懷疑
14	擔心
15	責難
16	氣餒
17	憤怒
18	復仇心
19	嫌惡、氣憤
20	嫉妒
21	不安、罪惡感、喪失自信
22	恐懼、悲傷、憂鬱狀態、絕望、無力感

出自《有求必應：22 個吸引力法則》。

可是現在，我有了度過冥河三途之川、被帶到「宇宙彼端」的經驗，所以能理解了亞伯拉罕真正想說的「創造現實論」。

在「當下」這個瞬間以及「今日」中，愈是能試著去感受無盡的愛與喜悅、心懷感謝，愈是能無限接近宇宙的波動・振動數。

正因如此，只要保有那樣的波動・振動數，即便不勉強保持興奮與積極正面的心態，也能創造出期望的現實。

而那樣的狀態正是保有「俯瞰・宇宙的視角」的狀態。

此外，「情緒量表」的1中有「察覺」，對此我也稍微有些疑問：「察覺為什麼會比創造現實時被說是重要情緒的『興奮』排在更前面呢？」

亞伯拉罕說：「人只要品味接近情緒量表1的情感而活，就會處在與宇宙源頭相連的狀態下，能創造期望的現實。」

關於這點，這次我是透過親身體驗了「宇宙彼端」而知曉的。

發生「察覺」時，是即便只在一瞬間出現了與「俯瞰・宇宙的視角」有共振共鳴，就能有所體會的。

這很難用言語來表現，若真要說，**那就是發生「真正的『察覺』與『靈光一閃』」時，感覺就像是要努力保有「俯瞰・宇宙的視角」般**。

而只要試著遵循那樣的「察覺」以及「靈光一閃」而行動，現實就的確會大大地開始動起來。

因此，亞伯拉罕才說：「想創造現實時，請參考『情緒量表』。愈是能保有最上方的情感・感覺，愈能創造出期望的現實。」

因此，不論何時，都請將意識保持在「全都ＯＫ」這樣「俯瞰・宇宙的視角」，試著找出「當下」或「今天」的喜悅，並心懷感謝、安心過生活。希望大家在這樣的日子中，若出現了「察覺」或「靈光一閃」時，試著不要抵抗，而是順應自然。

這麼一來，真的會有許多事情趨向好轉。

「俯瞰・宇宙的視角」＝以「愛」「感謝」「信賴」的波動而活

在日常生活中，只要意識到「愛」「感謝」「信賴」這類情感來生活，即便不特別去祈願、盼望，也會有相應於那個波動的現象、物質以及人出現在眼前。

與自己是否有祈願無關，就是會發生許多令人感到「真是非常感謝啊」的事。

話雖這麼說，但希望大家不要貪得無厭地想著「既然心願都能實現」，就拚命地想要變成「俯瞰・宇宙視角」的波動喔（笑）。

我也是以這樣貪多的意識活過了幾十年，所以也不是不了解那樣的心情，但所謂的貪多，就是在那個時間點有感受到「不足」，所以請注意不要變得過於貪婪了。

「俯瞰・宇宙的視角」與「僅從陰陽的角度看事情」兩者中，前者對於願望或目標比較沒什麼固執或執著，是頗為和緩自由的。

而每天都保持著「俯瞰・宇宙的視角」的波動，雖容易順暢地實現願望及目標，但假設即便沒有實現，幸福度也不會改變，所以也能每天開開心心地輕鬆生活。

可是只要以「僅從陰陽的角度看事情」而活，會在意是否有獲得「什麼」，就會改變對自己的評價，變得一下悲傷一下喜悅，忙著要獲得些「什麼」，所以就會毫不留情地鞭笞自己而活。

結果，波動就會上上下下地，一下到高峰一下到低谷，過著總在追趕著什麼的人生。

有發生各種事當然好，或許也有人是喜歡波瀾萬丈的人生，若是期望過上這樣的人生，或許就沒必要，但若是想體驗「每天都想安安穩穩地過」「想在安心、安全的環境中，身邊圍繞著讓人感覺舒暢的人來安穩過日子」「一回神，心願・願望就實現了」，那麼我強烈推薦要保有「俯瞰・宇宙的視角」，所以在日常就要留意並品味「愛」「感謝」「信賴」這些情感。

最強的創造力是「無」與「沉靜的喜悅」

誠如前述：「接下來的時代要重視如月亮般『沉靜』的波動」，但話說回來，我是在自己身體狀況不佳以及鬱悶沮喪時才察覺到，如月亮般「沉靜」的波動有著強大的能量。

我曾有過一段時期是，莫名感到沮喪，身體狀況也感覺不是很好，不論看到什麼、聽到什麼都無法感到開心・興奮。

若是以前的我，就會想要努力變成如太陽般的「動」能，想著應該要開心・興奮起來而拚命去做各種行動，可是因為無法如願，所以就改留心要保有「無」以及「沉靜的喜悅」，結果本該是頗難實現的現實創造竟順利展開了。

要說發生了什麼，那就是當時我有稍微想到要搬家，結果就順利決定搬去了本以為「不論怎麼說都不可能吧」那種條件有些嚴苛的房子。

我在知道該房子的條件以及審查都頗為嚴格時，腦中瞬間有閃過一絲負面的思考：「要搬進這裡，可能很難……」

若是以前的我，首先在向宇宙提出訂單的時間點，就會想像：「要是能搬進這間房子……」試著心懷雀躍・興奮地過日子，或是去看新家具，以高漲的波動過生活。順便還會去吃喜歡的食物，或是去迪士尼樂園，想著要能持續保持「動的喜悅」。但現在，我不會試圖讓心情變得雀躍・興奮，而是會想著「單是活著就很感謝了」，然後一邊喝茶，一邊一點一滴地在筆記本上寫下給宇宙的訂單，找時間做冥想、讀書，或是邊散步看著大自然邊喃喃自語：「我好喜歡綠色……」等，以「新手老人・純子」的身分，安靜度日。

之後，因為審查很嚴格，不動產公司連續好幾天都不斷來詢問我：「請提出追加的〇〇證明書」或是「〇〇是怎樣的呢？」

可是，只要做為「新手老人・純子」而活，就不會有動搖、焦躁的時候，而是會呢喃著：「一切都會順利的……感謝……」一心追求著「無」與「沉靜的喜悅」而生活（笑）。

結果，不動產公司最後告訴我：「審查通過了唷。」

若是以前，我絕對會對審查的嚴格心生動搖，想著：「果然很難過關呢……」每次波動都會紊亂，並創造出符合那般的現實，所以會覺得這次要搬去那間房子應該是頗困難的吧。

只要這麼一想，我就會打心底覺得，每天追求著最高也最強的波動「無」，以及緊隨其後的波動——「沉靜的喜悅」，真是太好了。

而我也重新體驗並察覺到了，「無」與「沉靜的喜悅」才正是宇宙的波動，是最強的創造力。

當然，不是說雀躍・興奮的「動之喜悅」是不好的，只是希望大家處在那種情緒・波動的狀態下時，能盡情享受地度過，因為那樣的波動也能創造出「想開創的現實」。

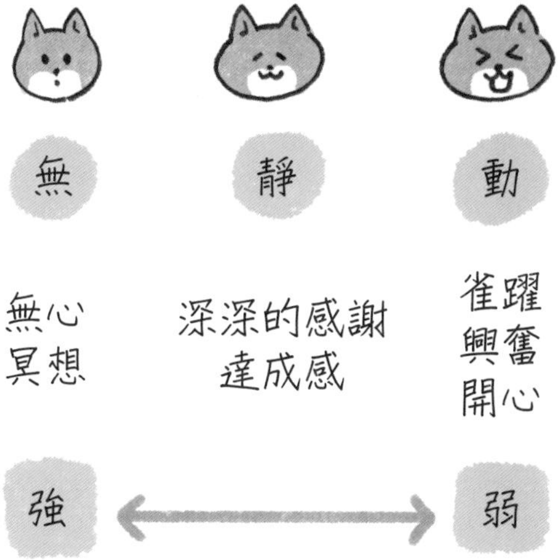

可是，若只在意「動之喜悅」，一旦發生讓人感覺不安的事，就容易過度動搖、情緒不穩、恐懼於尚未發生的事，這麼一來，自己也將容易變成會「放射出抵抗的波動」。

而顯意識雖是處在雀躍・興奮中，但潛意識中卻是處在激盪著不安・恐懼・懷疑等負面消極情感的狀態，導致始終難以創造出「期望的現實」。

因此，強烈建議你不只是要品味「動之喜悅」，更要在日常中多多擁有體味「無」與「沉靜的喜悅」的瞬間。

佛陀與亞伯拉罕都說過同樣的話？

如今，我異常地受到佛陀的吸引，每天都很認真學習佛教。與其說我是在學習宗教，不如說是純粹地想知道佛陀所說過的真理。

因此，我覺得亞伯拉罕與佛陀顯現在表面上的教喻雖是完全相反，但真理的根本卻是相同的。

佛陀教導的基本觀念是「人生無法隨心所欲」。

亞伯拉罕的教導則是以「人生會如自己所願」「現實會如你所願」這樣的想法為根基。

單看這點，只會覺得兩者的說法完全相反，但若去理解更深刻的部分，就會發現有不少共通的地方。

佛陀說：「人生無法隨心所欲。」正因如此，他又說了「不要執著於健康、年輕以及生命」，還有「任何事，都會因為我們的看法不同而成為苦或成為樂」這樣的教喻，也說了：「要能夠心平氣和地度過人生。」

亞伯拉罕則說：「人生會如自己所願。」但只要仔細研究這句話就會知道，他說的是：「你所生活的地方，是容易讓你感覺到『人生無法如此順利』的地方吧。」也就是說，現實就是有許多人都正在煩惱並四處碰壁著。

可是，不論面對什麼樣的現象，都不要一直煩惱著或只是一味地嘆氣，而是要將看法及想法改變成是從「較高的視角」出發，調整波動，這麼一來就能創造出期望的人生。他說的是這個意思。

「佛陀的教導」與「亞伯拉罕的教導」在細微處是否完全一致呢？雖然也不能全這麼說，但我覺得，兩者的教導在核心部分有許多的共通點。

而兩者的教導都建議大家要進行冥想、調整呼吸，同時調整思考・情緒等，以「沉穩的心態生活」。

Chapter 2

利用冥想「無」與「靜」的波動，輕鬆創造現實的訣竅

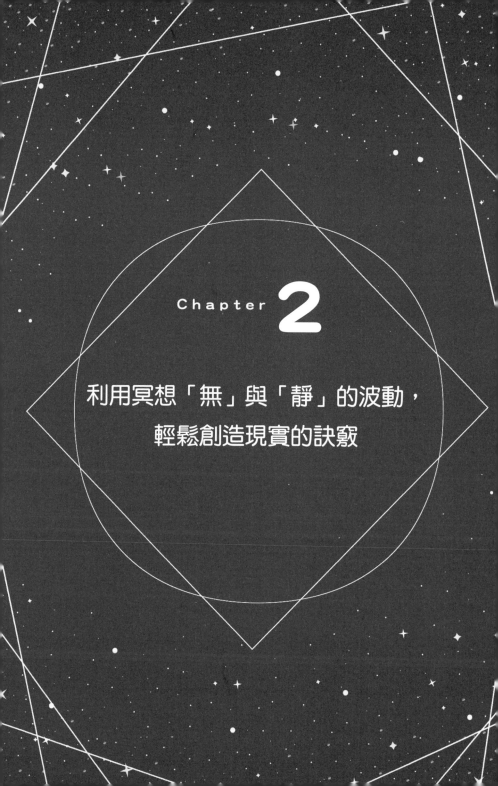

利用冥想可以打造出「俯瞰・宇宙的視角」以及「靜」的波動！

我認為，在創造現實時，「整頓現狀」是最有效果的，而冥想則是「整頓現狀」的軸心。

我養成冥想的習慣後，獲得了很了不起的東西。以前我有些輕視冥想，認為「都是些很奇怪的人才做的事」，很快就覺得膩了，並沒有認真去執行（我真的很抱歉）。

可是某次，我得知了以下這些內容資訊：「麥可・傑克森、女神卡卡、一朗選手等這些愈是在『實現夢想的人』，愈是會進行冥想」「愈是在世界上活躍的運動選手，愈是會去冥想」「在醫學上、科學上也證明了冥想有益身心健康」。

那時候，我隱約覺得：「什麼？冥想有這麼厲害？那我是不是要來去做這個這麼厲害的事比較好……」不過隨即又覺得：「可是要持續下去很困難啊……還是別做好了。」

然而幾天後，我重讀了亞伯拉罕的書，目光停留在了以下這段文章上：「我們若是居住在你們所居住的地方，絕對會進行冥想的。冥想就是這麼的有益」。

我因而想著：「好像一定要進行冥想了呢……（苦笑）」並開始冥想。

現今不論我有沒有進行冥想，都感覺到人生似乎有著不得了的改變，確實體會到那簡直就是「魔法品項」。

順帶一提，所謂的冥想也有各式各樣，但我是從只把意識專注在「吸氣、吐氣」呼吸上的呼吸冥想開始。

我之所以這麼做的原因是覺得，若進行的是「要這樣做、要那樣做、那樣不行、這樣不行」等規矩很多的冥想，將會難以持續下去。

我理解到，冥想是要能「持續」下去，才有意義，所以先從較為簡單的呼吸冥想開始，每天進行一分鐘到三分鐘左右，習慣後就拉長分鐘數，或是增加次數，同時也進行不同的冥想法。

我是在進行冥想後，也會決定「今天要用什麼情緒生活」。這麼做的原因是，透過進行冥想，「自己」的思考會平靜下來，調整好情緒及波動後，只要選定某種情緒，就能一整天都品味著那樣的情緒。

例如在感受到「今天真是最幸福的一天啊」的日子裡，結束冥想後，我就會立刻呢喃地說出這些話（即便不把話說出口，在內心想著也可以）。只要這麼做，漸漸地就會對那樣的話語起反應，並湧現那樣的情緒。如此一來就能選定「好！今天就品味著這分情緒生活吧」。

只要用這種狀態來開啟一天，就能獲取有利的情報、與出色的人相連結、工作順利進行……。那樣的情緒會變成磁鐵，在結束一天時，自己將能坦率說出：「今天真是最幸福的一天啊～」這點真是很有趣。

若有閃現什麼想法的人，也請嘗試看看吧。

此外，這點或許會讓人有些吃驚，但自我開始進行冥想後，就增加了獲得神秘龐大收入的機會。

或許有許多人都認為「冥想」與「金錢」是完全無關的兩件事，但開始進行冥想後，除了有在進行冥想的時間，沒在進行冥想的時間中情緒也不容易發生紛亂，容易保持高度、強大的波動（豐盛的波動），所以才會發生這些事。

從波動的法則・宇宙的法則來看，只要增加了自己情緒平穩、波動處在豐盛狀態的時間，包含金錢在內的豐盛，就會從各方面來到你的世界。宇宙是無限大且不可預測的。只要注意到「豐盛會從全方位的任一地方而來」，將會更加體驗到，就算不工作，也會獲得神祕般的金錢。

實際上，我推薦人們去進行冥想後，經常會收到以下的報告：「我中了超大金額的彩券！」或是「老公也沒升職，但是加新了……！」所以也很推薦想提升金錢運勢的人去進行冥想。

此外，我在開設名為「使用魔法的國度」這個線上社群時，都會和在社團裡的成員每天早上進行集體冥想，自進行這樣的活動以後，創造現實的速度・發展就變得超級快速（參加即時冥想會的約有二、三千人，而若是跟著影片回放進行的，則經常都會有八千人左右）。

這或許是跟一起進行冥想的各位所形成的龐大集體無意識有關。我認為那集體無意識中有著許多的「安心」「感謝」「愛」「希望」「喜悅」。而只要透過那存在於龐大集體無意識中的「安心」「感謝」「愛」「希望」「喜悅」，就容易創造出現實來。

現在，「使用魔法的國度」雖然已經關閉了，但在我心中已經形成了與那集體無意識相關的腦迴路，就算現在是一個人在進行冥想，也會感覺能連通到那裡，而且創造現實的速度．進展是頗快的。

因此，除了可以一個人進行冥想，有興趣的人，也推薦可以去參加線上的冥想會，或是和家人、朋友一起進行冥想等，試著進行集體冥想。

只要利用冥想重設紊亂的情緒，就會自然而然放射出豐盛的波動

冥想中還有一個特別的方法，就是重設負面情緒時最強的淨化法。

我覺得「冥想」是基於波動的法則，亦即宇宙法則的原理原則所進行的行為。

波動法則的原理原則是，「自己發出的波動」會與相同領域的資訊・人・物質・場所相聯繫，「自己發出的波動」會成為磁鐵，形成之後的現實。

因此，若是自己本身發出了不安的波動，就會獲取到與那狀態相合的資訊，出現讓你更感不安的人或物質，或是帶你到會感到不安的地方。

要打破那樣的負面連鎖・狀況，進行冥想很有效。

據說，人一天會思考約六～八萬次，而其中有八、九成都是負面思考，所以若是想著「想過得比現今更幸福」，就最好不要被湧出的「陰性」情緒給吞沒。正因如此，進行冥想，重設那些思考・情緒・波動是非常重要的。

進行冥想時，基本上不會去思考多餘的事，或者說是無法思考。專心集中在呼吸上，中途若意識跑去了別的地方，就立刻把意識拉回到呼吸上。

只要這麼做，大腦就會處於放鬆狀態，身體也會放軟下來。進行冥想時，就是會自然而然地變成放射出豐盛波動的狀態。

進行冥想的期間，能擺脫焦躁、不安等的思考・情緒・波動。無論如何，都能營造出不會放射出那些波動的狀態。

雖然不是說只要進行冥想，那些煩惱就會消失得一乾二淨，但做出行動以暫時離開那樣的波動領域是非常重要的。而且只要進行冥想，身心都會放鬆，進行「冥想之前、之後」，身心的輕快感是完全不一樣的。

進行冥想之前，身心雖都很負面消極，但進行冥想後會放鬆許多，大腦內的資訊流通也會變好。同時，因為不安與焦慮而下降的波動會再度上升，之後所形成的現實也會有所改變。

只要意識一直關注外界，就會生出痛苦

實際上，我在進行冥想後，腦袋中雜亂的思考少了許多，因此不會過度發散出焦躁以及不安等的波動。

我為了切換掉負面消極的情緒而進行冥想時，不會只進行三分鐘，幾乎都會拉長到十分、三十分左右。

若是在公司上班的人，應該無法在當下自由使用三十分鐘的時間吧。這時候或許就可以進行「正念」。正念是藉由專注在「當下」的一點上，而能做出對「當下來說最好」的行動。

例如，透過將所有意識專注在現今眼前的工作上，就能打造出冥想狀態。即便不閉上眼盤腿坐禪，只要將心念專注在「當下」所有行動上，例如現在在做的電腦作業、製作企畫書、

在必要時刻「泡杯咖啡」等，心靈就會逐漸沉穩下來。

無法沉著冷靜下來、被情緒牽著鼻子走時，就是意識仍舊關注著外界（過去．未來．他人等）。只要意識一直關注著外界，就會生出痛苦。因此，透過將意識轉回到「當下」，內心自然就會沉著冷靜下來。

因此，希望大家試著養成習慣，進行冥想或正念，以將意識放在「當下」。

順帶一提，也有很多證據顯示，只要持續冥想，可看出大腦的構造及機能有所提升。例如我所進行的呼吸冥想，就會讓與注意力相關的大腦前額葉皮質以及前扣帶皮層厚度增加，出現提高專注力等的變化。

因著冥想種類的不同，出現變化的地方似乎也會不一樣，而根據多數研究結果可以得知，比較開始進行冥想的期間，即便是時間較短的人也能獲得同樣的結果，像是增加幸福感，以及緩和憂鬱及不安的症狀等。

堅持夢想，因為冥想會支持受挫的心靈

我們「能想像（image）得到的東西」，就能在現實中創造出來。

相關做法・方法有各式各樣，但在使用波動的法則・宇宙的法則以創造出「想開創的現實」時，重要的是讓「現今自己的波動」與「活在想開創出的世界中的自己的波動」同調＝提前獲取那樣的波動。

過去的我曾大喜於「這樣就能創造出『想開創的現實』？感覺似乎很有趣也很簡單啊」

但是……似乎並沒有這麼順利，所以讓我超級失落的（笑）。

「單只要想像」或是「只要提前獲取那樣的波動」當然也是有能創造出「想開創的現實」

的時候。

可是也會因當時的狀況・狀態，而同時感受到相應的「試煉」，因為會有這樣的經驗，此時幾乎所有人都會倍感挫折。

因為會覺得「什麼啊，這個理論騙子……」「這個理論也太難了吧……」而放棄了創造「想開創的現實」。

這個如感受到「試煉」般的經驗，正是連通「想開創的現實」的必要過程。

雖然有時會如無頭蒼蠅般感到焦慮，更嚴重點的是會胡亂做出判斷，覺得「真不順利呢」「我無法獲得幸福吧」等，內心感到挫折，但其實根本不須要這樣。

我自己也曾經驗過類似的事，所以在此舉一個例子來跟大家分享。

我設立了幾個出院後的目標。其中之一就是讓 YouTube 的訂閱人數增加到「十三・八萬人」。

實際上，我在住院前已經有超過十三點八萬人訂閱我的頻道，本來我還開心地想著：「哇！還差一點就能有十四萬人了！」但因為住院，休息了將近一個半月沒發布影片，期間就有約三千人取消訂閱（我想，應該也有人是因為「暫停發布影片」之外的原因而取消的）。

關於 YouTube 的訂閱，每天都會有「訂閱」「取消」的情況，因為我沒有發布影片，所以取消訂閱數很自然地會增加。

不過，那時我也正在和疾病奮戰中，心情上也有些沮喪，而就在我感到失落時，忽然有個念頭閃過腦海：「我在 YouTube 已無棲身之處了吧……」那果然是因為處在「心靈沮喪的波動」中而湧現出來的相應思考（苦笑）。

而在那之後，我每次都會在悶悶不樂時進行冥想、改寫意識，同時調整「自我」，結果有一天，從內心深處湧現了一個想法：「YouTube 是到目前為止讓我獲得許多成長的地方，也是讓我遇見了許多人的地方，若是出院了，我要試著努力讓訂閱人數增加到住院前的『十三・八萬人』！」

出了院後，我再度試著發布影片，結果因為發布的影片內容，訂閱者數量減少更多，「人數」的增減變動非常劇烈。

可是，我不受到人數的影響，而是決定「要發布自己真心想傳達出的內容」，以及「只要帶著愛、感謝的心發布影片，就絕對會遇見『需要的人』」持續以自己的步調來發布影片。

結果託此之福，約一個月後，就「達成了十三・八萬人訂閱的目標」。

之所以能擁有這樣的經驗・體驗，都是拜有收看我 YouTube 的所有人之賜。真的非常感謝。

我之所以在體驗到了內心中各種各樣的風浪後，還能回歸到比較平靜的自己，都是多虧了「冥想」。

若是以前的我，或許會拚命想像著「達成目標的自己」，然後勉強自己保持雀躍・興奮的心情。

也不是說那樣就不對，雖然那樣也確實能創造出現實，但我覺得，比起自己被外界的現象給牽著鼻子走，勉強自己維持雀躍・興奮的心情，還不如一邊進行冥想，一邊安靜地保持沉穩的心態。

因為，進行冥想時不會被拉往「不必要的負面思考」上，所以情緒及波動就不會紛亂，大腦的運作形式也會改變，將更難冒出「不必要的負面思考」，感覺隨時都能調整好思考・情緒・波動……。

如此一來，不論出現了什麼「試煉」或「不期望發生的事件」，都不會被過於吞沒，能淡然地應對。

真正說來，即便有著感覺像是「為什麼會發生這樣的事呢？」「根本完全不順利嘛……我已經不行了……」這樣的瞬間，也能立刻察覺到「啊！又陷入了不好的想法中了。好！來用冥想進行調整吧」並能馬上調整「自我」，而且首先，也不太會產生出「刻意去想著要放棄『那個夢想』『那個目標』」這件事本身。

透過每天的累積，我能夠比預期時間更早將「達成十三・八萬人訂閱」的目標化為現

實，所以若是各位也有什麼想要實現的夢想或心願，就請在日常中進行冥想，然後不要為「試煉」「不期望發生的某些事」而動搖。

只要不過於被外界牽著鼻子走，同時也不要放棄「夢想」，「夢想」「目標」就一定會化為現實的。

Chapter 3

給宇宙的訂單也可以靠「沉靜」的波動順利進行！

訂單要和「給宇宙或神明的誓言」一起發送

我會將突然想到「要是能這樣就太好了～」的事情，決定好「好！來創造這個現象吧」，並將之當成給宇宙的訂單，好好寫在筆記本上。

我一點都沒有「來寫囉！」這樣精神抖擻的感覺，而是抱著很快就會忘記所寫內容的心態，淡然地書寫。此外我也不會講究書寫的方式，向宇宙下訂單時，大多都是用「條列式」以及「……了」這樣的完成式來書寫。

不過最近，有位熟知佛教的友人告訴我：「小純下訂單的方式是『誓願』吧。所以願望才容易實現喔。」

我是在那個時候才知道「誓願」這個詞，查閱了辭典後，其意思如下。

①立誓並向神佛祈願。許願。祈禱。祇請。
②佛教用語。佛菩薩祈願能救助所有眾生的苦難，發誓一定要達成所願。四弘誓願是其共同的願望，叫做總願；彌陀的四十八願、藥師的十二願、釋迦的五百大願等稱做別願。弘誓。本誓。↓本願。
③在基督教中是指感謝神的恩惠、躲避災難、獲得幸福，向神承諾去做好事。

〔備註〕②中的「誓願」與「本願」嚴格來說並不是同義語，「本願」限指過去世的佛菩薩所發起的誓願。但是在淨土宗中，則是特指阿彌陀佛的本願，有時就是單純的「誓願」（引自《精選版日本國語大辭典》）。

我對佛教還不太了解，但我的下訂單方法似乎可歸類於①中。

我是完全在無意識中這麼做的，主要是用三步驟向宇宙下訂單、在神社向神明打招呼的。

① 表達感謝
② 立誓（做出會為世人或社會服務，又或者是「會做必要的努力」的宣言）
③ 許願

直到有人突然這麼跟我說之前，我都完全沒察覺到，因為至今為止我都沒分享過「②的立誓」這個部分，所以我在此告訴大家，具體是像以下的感覺。

「一直以來都很感謝您的照顧（❶）。

我會一直努力，以期望能活得像神明們一樣。為此就必須努力擁有寬容的心呢。既然是這樣，首先就希望我能寬容、溫柔地對待家人吧（❷）。

我今後也想要去做〇〇〇。因此我要成為〇〇〇！（❸）麻煩您今後也請多多支援我！」

或是

「很感謝您一直以來的照顧（❶）。

關於接下來想跟您說的心願，是我所有該去做的行動（❷）。
我想著將來要去做〇〇〇。因此我要成為〇〇〇！（❸）麻煩您今後也請多多支援我！」

就像這樣，我在神社打招呼，或是至今為止在筆記本上寫下訂單時，在寫下訂單部分（③）的內容前我都會喃喃自語著①跟②。喃喃自語一遍結束後，就在筆記本上寫下「心願（③）」

這麼做是我們擅自訂下了約定（②），所以之後為了遵守這個約定，就一定會每天努力。

難道這是因為神佛・宇宙等的存在很開心，就會偏愛我的重要步驟嗎……我自己對那也感到很驚訝，不過也莫名地能認同。

許多時候，有心願時，若在神社向神明許願，應該很多人都是以「希望能達成〇〇」，若是向宇宙許願則是以「我要變得〇〇」這樣的感覺寫在筆記本上吧。

這樣的許願方式當然也很好，我也會這樣做，此外則會添加入「雖然與這心願無關，但我會以能幫助人們的方式而活」這類內容的話語。或是像「我會為了達成願望而做出一切相關行動。因此拜託請協助我」這類。添加入「會為了實現心願而做出必要的努力」的內容、話語，**就會變成是為能實現心願而向宇宙或神佛許願**，這樣會更容易實現心願，所以有什麼想法的人請試著做做看。

順帶一提，我聽聞那些話時，會很坦率地覺得：

「的確，若是自己被請託時，實在很難想像自己會很開心地協助『只許願的人』或『只想有所獲得的人』」。

因此我認同宇宙或神佛會幫助能說出「我會自己去做能做到的事」的人，或是能努力「我會為了世人去做△△」的人這點。

此外，不管宇宙或神佛是否樂於協助自己，在立「誓」並與宇宙或神明說話的瞬間，以及之後為實現那誓言而過日子時，自己的波動都會確實提升。

就我的情況來說，在向宇宙及神明們說話的瞬間，就會深深感受到對宇宙的感謝以及安心感。為了實現誓言而過日子的時候，也有感覺對自己的愛與信賴感提高了。

因此，即便是從波動的觀點來思考，也能體會到，透過這樣做，波動就會有變動，就會讓許多事變成現實，因而深深認同「發誓很重要」的這個概念。

「想實現的心願是什麼？」可以盡情期望

若是現在有「想實現的某個心願」，就請盡情去許願、期盼吧。

金錢、工作、人際關係、健康、家族、伴侶關係……。每個人所想的「要是能這樣就太令人開心了」都各有不同，但我希望大家坦率想著：「要是這樣就太令人開心了。」的一切都能變成現實，並帶著燦爛的笑容而活。

在吸引力法則中常會聽到「心願最多為十個」，或是「是自己能記得的數量」。當然，我能理解也是有這樣的做法，我不否定，但我自己卻是一次都沒去管數量的問題。只要一想到，不論多少都會向宇宙下訂單，而且那些心願也幾乎都會實現。

不過這時候，請大家要記得以下兩個重點。

①不要從「沒有」的意識出發去下訂。
②下訂後，比起「歡喜」更要以「安心」的波動來過生活。

首先，提高給宇宙的訂單量時，請大家試著注意①的不要從「沒有」的意識出發去下訂這點。

請停止從「沒有」的意識、「枯竭」的意識出發去下訂，像是「若是沒有獲得〇〇，我就會沒有價值。所以我想要〇〇」，或是「因為沒有〇〇，現在的生活才這麼不幸。所以我想要〇〇……」

希望大家試著心懷「擁有」的意識，或是「充滿」的意識去下訂，像是「今天也能像這樣活著真的很感謝呢……。真的非常感謝。不過若是有〇〇，就會生活得更輕鬆，所以我向宇宙下訂單了」的感覺去許願。

又或者是建議可以用實驗性的意識去下訂，像是「若是像這樣以『擁有』的心態去下訂，會實現嗎？」

只要保持這個「擁有」以及「充滿」的意識、波動，只要有下訂的心願，完全都能變成現實，而且不論有沒有向宇宙下訂單都無所謂，每天的生活中都會充滿讓你覺得「擁有」以及「富足」的現象，所以每天都會過得很開心。

用「沒有」的意識去向宇宙下訂單時，就會創造出與訂單相反的現實。不論如何祈願「要是能變得〇〇就太令人高興了呢～」都會像「只要獲得了〇〇，自己的價值就會提升了」這樣，藏有「現今的自己很欠缺」這樣的「沒有」意識，於是就會創造出讓人感覺到「沒有」或「枯竭」的現象。

因此，察覺到「是從『沒有』的意識出發而許願～」時，希望大家在那時候不要勉強向宇宙下訂單。建議要先暫時擺脫一下那樣的意識。

做為擺脫這種意識的方法，可以進行先前就非常推薦的「冥想」，也請試著進行會讓自己感到滿足的行動，像是「喝最喜歡的茶飲」「聽音樂」「散步」。

此外，關於②下訂後，比起「歡喜」更要以「安心」的波動過生活，我稱之為「迅速放下並鎖定」。

大家會想：「那是什麼？」

在各種現實創造論中，都有一種說法是：「要用實現心願時的波動來度過『當下』，只要這樣，那個心願就會實現。」但最近我自己的親身體驗是，比起實現心願瞬間「歡喜」「驚喜」的波動，用實現心願瞬間過後沒多久所感受到的「安心」「深層的喜悅」的波動來過生活，化為現實的心願會更大、過程更快。因此要迅速放下「歡喜」「驚喜」，鎖定、瞄準「安心」「深層的喜悅」。

當然，也不是說就不可以有願望實現瞬間會有的「歡喜」或「驚喜」。即使是那些波動，也能確實創造出與之相應的現實，但「安心」「深層喜悅」的波動比較接近「愛」以及「感謝」這類「宇宙的最高波動」，也比較接近在量子力學中所說的最高波動「無」。所以，創造出的現實自然就比較容易是「最棒」或是「大的」。

而且老實說，要一直保持著「歡喜」「驚喜」的波動，不會很累嗎？我也注意到了這個現實（笑），而且覺得，長久浸淫在「安心」「深層喜悅」中比較容易，也能輕鬆創造出現實來。

當然，自然就感受到「驚喜」而喜悅時，希望大家也能試著去維持那時的情緒・波動，但用像高倉健那般微笑說著「謝謝」，並保持沉靜的喜悅時的感覺，也能創造現實，而且那就是我所說的「迅速放下並鎖定」。

處在「驚喜」的興奮情緒時的波動也很棒，而且擁有那個波動也能開創出很棒的發展，但請大家要知道，「維持像是在泡過溫泉後，深感『真是太感謝了』那樣的心情，不僅能讓身心獲得解放，而且處在那樣深沉喜悅狀態的波動中，才是最重要的」。

特別注意！「放下願望」的真正意義

「有想要達成的目標、有想要實現的心願時，設定目標或向宇宙下訂單後，最好能放下那些目標或心願」，在學習創造現實論以及吸引力法則時，或許有很多人都聽過這樣的說法。

不過也有很多人誤解了這句話的意思。這句話說的並非是「可以放下那些，而且之後什麼都不用做」。

如果是照這樣解釋去做，潛意識也會接近於「放棄」的心態，之後現實將不會有改變。

「放下願望」這句話的意思指的是，若是固著・執著與那些願望，產生了紊亂的波動，

最好要忘記那些願望喔。

因此，設定目標、向宇宙下訂單後，就要放下心願，每天淡然地調整波動，並做出必要的行動。

例如若是希望：「雖然夫妻吵架了，但若能重修舊好過日子就好了。」就可以去神社參拜，或是向宇宙許願，然後希望大家「放下願望」，但在那之後也希望大家能每天調整波動生活，同時，若是想到要「向伴侶道歉」，就要試著去做出行動。

此外，若是有「真想進入這家公司」的心願，在去參拜神社，或是向宇宙許願並「放下願望」後，希望大家可以每天都調整波動過生活，同時調查一下那間公司的資訊，而且要做出最低限度的行動，就是至少要去面試。因為若不進行「去面試」這個行動，就根本不可能發生「進入到那間公司」的事。

因此，請不要連「放下願望」之後的「必要行動」都一併放下了。

以下所舉的例子或許很極端，但例如有「希望會說英文」這樣的願望，雖是去了神社參拜或是向宇宙許了願，卻完全不學英文，就不可能發生睡一覺後就說著一口流利英文的事。

因此，請一邊每天調整波動，一邊採取必要的行動吧。

在此，若有人感到疑惑：「既然這樣，該怎樣放下（忘記）願望比較好呢？」我建議可以試著增加每日的冥想時間，即便只有一、兩分鐘也好（總說冥想、冥想的，真的是在強推冥想給大家，實在抱歉啊，可是若大家能從中體會到冥想的好處就太好了）。

只要進行冥想，大腦的形式與運作就會出現變化，降低機會去想些不必要或無謂的事情。

我自己也知道「最好是要『放下（忘記）心願』」卻難以做到這點，所以也曾煩惱過，但若是一點一滴增加了冥想的時間，一回過神就發現能輕易地「放下」了。

此外或許有人會有疑問：「如果『放下心願』或『忘掉心願』比較好，是否代表就不能進行想像練習或是想像美好的未來了呢？」但「放下心願」的真正意思是「放下執著等沉重的波動」，若能透過想像練習以擁有好心情地活在「當下」，那就完全沒問題。

若感受到「波動提升了，心情也會平靜下來，所以要來做想像練習」，那就也是「必要的行動」，所以請試著積極地去進行想像吧。

前提是要相信「自己」「宇宙」，相信「反正一定會順利」才放下願望

雖然我們已經知道向宇宙下訂單後，放下心願即可，卻仍會執著：「什麼時候會實現呢？」而難以放下……我也曾碰過有人像這樣來找我諮詢。

這時候，請時時使用「反正一切都會順利」這句言靈，並相信「自己」及「宇宙」，然後試著放下。

例如將訂單「這個月要達成一百萬日幣的營收」寫在筆記本上。在此若有著「不論做什麼都想要實現！」這樣固執的意識，腦中就會一直縈繞著這個心願，容易變得固執・執著。

而像這樣的狀態，就是沒有信賴「自己」或「宇宙」，是處在有些紛亂的意識・波動

狀態中。

若是處在這樣的意識・波動狀態中，就容易創造出「到月底的營收是五十萬日幣」的現實。

因此若是寫下訂單：「這個月要達成一百萬日幣的營收。」因為那一定會實現，所以希望大家要多加使用「反正一切都會順利」這句言靈，並相信「自己」「宇宙」。

此外，假設即便創造出的現實是「到月底的營收是五十萬日幣」，在這個時間點沮喪地想著「心願沒實現」還太早了，所以希望大家要再度使用「反正一切都會順利」這句言靈，然後再次相信「自己」「宇宙」。

這麼一來，就會開創出下個月營收超過一百萬日幣，獲得一百五十萬日幣的營收，變成是符合帳目的順利結局。

「人類」的視角若是很低或視野狹窄的時候，就容易想著「想趕快實現心願」。而只要碰到「心願沒有實現」的瞬間，就容易過早做出「果然還是不行啊……」的結論。

然而，若總能保持沉穩的心態、以俯瞰的姿態過日子，就經常會發生「有這樣的發展真是太好了」「正因為有這樣的發展，之後才會順利」等事。

不論何時，宇宙都會在最佳且最適當的時機點行動，所以不論發展如何，都請帶著「反正一切都會順利」這樣的視角，並一直相信「自己」「宇宙」。

若歸於「無」，願望就不會實現了嗎？

進行著冥想，讓自己增加「處在高波動『無』中」以及「處在『沉靜的喜悅』中」的時間時，或許會覺得，感受到像是雀躍・心情悸動・驚喜那樣興奮類情緒的時間減少了（實際上只是感受方式不同了而已，並非完全感受不到興奮類的情緒）。

而或許也有人是只要親身感受到雀躍的情緒減少了，就會感到不安：「這樣一來，以前所下的訂單會不會就難以實現了？」但這是無謂的擔心。

相較於雀躍類的情緒，取而代之地會增加了「處在高波動的『無』以及『沉靜的喜悅』中」的時間，所以請放心，不會發生以前向宇宙下訂的心願不會實現這種事。

要說這到底是怎麼一回事，那就是「自埋下『願望的種子』後到開出大朵花之前（願望實現前），守護的方式改變了而已」。

「下訂單」這樣的行為就是「埋下種子」，而此前都是透過品味雀躍類的情緒來「澆水」。如果有必要，也會唱唱歌、極力說些稱讚的話來守護花朵的成長。

只是將這樣的澆水，換成是「如觀音菩薩那樣，以沉靜的微笑，飽含著極大的愛來培育」花朵。

若是像這樣以沉靜的微笑來守護花朵，回過神來就會發現已經開出了大朵的花了。

因此，若是進行了「下訂」這樣埋下「願望的種子」的行為，只要每天感受到許多「沉靜的喜悅」，然後一邊進行冥想，一邊「讓自己處在高波動的『無』中」，之後自然就會開出大朵的花。

此外，非常不可思議的是，只要增加每天感受到「沉靜的喜悅」的時間，並一邊進行冥

想，一邊「讓自己處在高波動的『無』中」，即便沒有主動去埋下「願望的種子」（即便沒有向宇宙下訂單），也莫名地會增加開出大朵花．獲得大朵花的機會。

雖然自己完全沒有那樣的意圖，卻容易出現「咦！要讓我體驗這樣難得的經驗嗎……！」或是「什麼！要給我這樣的幸運嗎……！」這樣的現象。我想，或許這就是因為「自己」是活在那樣高波動狀態下才引起的現象。

只要這麼一想，比起增加興奮類情緒的時間，增加讓「自己處在高波動『無』」狀態下的時間會比較容易實現心願。

Chapter 4

「金錢」「無」與「靜」波動間深刻的關係

擁有「『金錢』付出後會再回來」的意識會招來豐盛

我自從留心要「保持沉靜的心態」「擁有俯瞰・宇宙的視角」「增加感受到『無』以及『沉靜的喜悅』的時間」後，老實說，對於「金錢」的欲望，或是對金錢減少的不安、擔心用錢等的感覺全都沒了。

我和以前一樣很喜歡錢，當然也意識到「我周遭有很多錢」，但現在大多數時候，「我的意識都在不論有沒有錢都能過得幸福」的境地中（這雖是重點，但若是只有「不論有沒有錢都能過得幸福」這樣的想法，或許會難以獲得「金錢」）。

這是我在有了被帶去「宇宙彼端」的經驗後，才首次重新感受到，家人以及重視的人、生命、健康是最重要的。而且不誇張的說，「金錢」除了要用在這些重要的人身上，也要為了自己所處世界的和平以及人類幸福而用，我感覺這樣的心情比以前更強烈了（這樣的感覺當然並不是在說離題的志工精神，也不是在說要把「滿足自我」放一邊不管）。

此外，只要「單純活著」就容易感受到許多幸福，所以自然也就不太會去想到有關「金錢」的事。

然而很不可思議的是，我所獲得的「金錢」數卻愈來愈多（一定是因為我在那個瞬間的情緒・波動比起以前更為豐盛，才會出現這樣的現象）。

那麼，我的故事先放一邊，因為我經常會被人問到關於「金錢」的問題，所以想統整一下金錢的現實創造論。

在現實創造論中有不可或缺的部分要請大家知道，那就是不論你有沒有意識到，在這宇宙・地球中都有「能量法則」在運作著。

這個宇宙・地球的運作機制就像是「出去後再進入」，是以這個絕對的法則為基礎在運作著。

因此像是「人類」的身體結構，也是輸出能量後再攝入。能量會以排泄物的形式排出，然後攝入進食品這個新的能量。若是沒有把糞便、尿液排出去而是囤積在體內，除了會給內臟增添負擔，皮膚上也會起一個一個的疙瘩、會口臭、心情煩躁等，出現各種不舒服。能量就是透過這樣的循環來保持健康的。

此外，或許有很多人都曾聽過像是「斷捨離掉不需要的衣服後，就接到了新工作」，或是「只要多說『謝謝』，就有了臨時收入」這類事情。

能量就是像這樣透過「出去」而空出空間的。排出的地方空出了空間，自然就會有「某些東西」進入到那裡。不論是什麼樣的能量，單只是囤積，是不會有「任何東西」進來的，甚至狀況還會惡化，這就是存在於宇宙、地球的絕對法則。

這和包含「金錢」在內的豐盛一樣，透過付出「金錢」，就能以某種形式獲得與之相應

的能量。

我剛開始學習現實創造論時，還不太清楚這部分，會想著「要是花錢，錢不就減少了嗎……」「花了不就沒了嗎……」而害怕花錢，一直難以認同這樣的觀念，所以吃了一番苦頭。

可是現在想來，就會覺得「我當時的視角還真低啊，真是視野狹隘的想法」。

我侷限在眼前所發生的「減少」「沒了」中，沒有想要真心去相信存在於宇宙與地球的自然法則（絕對法則），以及「自己」這個存有。

在此，希望大家不要誤解，我並不是在說「不用錢」「想存錢」這些行為全都不好。

並非指不可以有私房錢或存款。非常喜歡存錢並為此感到興奮雀躍的人當然也是可以的，而且也可以因為某些使用目的而存錢。

不過如果你想的是「想比現今增加更多收入」「想變成吸取大量金錢的體質」，就不建議從不安的念頭出發來存錢，或是因為害怕「某件事」而存私房錢、存錢。

以不安或恐懼的意識為主軸，並為此而存錢，就等同於向宇宙下訂「不安與恐懼的現實」。

若用波動的法則來思考，一邊放射出不安與恐懼這類紛亂的波動，一邊為此存錢，那麼，其用途就只會是為了事故或糾紛而使用。

基本上，能量是經常在活動著的，一旦讓它停滯，就會淤塞、減弱它的力量，這是能量的特徵。就像若是停留在一個地方，水會發臭、電力會消失一樣，透過讓金錢循環，它的力量就會變大。

因此請抬頭挺胸、開心地使用金錢吧（這可不是在說大家只要把錢財散出去就好喔。不過，「付出的若少，獲得的也會少」這點是自然的天理。理所當然地，相同的蘋果用一萬日幣所買到的分量，跟用五千日幣買到的分量相較，用一萬日幣去購買所獲得的數量當然比較多吧，所以這單純就是在說：「獲得的分量只會和付出的相同」「只要不付出，就不會有獲得」）。

順帶一提，或許也有人會覺得「我很大方地付出金錢了，但是卻沒有獲得等比的回報……」。這時候請試著修正「我很大方地付出金錢了，但是卻沒有獲得等比的回報」這樣的想法。

若是一瞬間出現「錢沒怎麼進來呢……」的想法，並持續在潛意識中這麼想著，這件事就很容易化成現實。因此當發現到這種想法，請重新將想法改成是「我很大方地付出金錢了唷！所以很期待今後的發展」。

聆聽「自己的心聲」，不要用金額去判斷

還有一點希望大家注意，那就是不要在下意識中做出「開心於能不出錢的行為」。例如像是「瞄準貼有降價標籤的煮熟配菜，看到並買下後，就開心地想著：『太棒了！』」這類情況。

看到了「降價標籤」會超開心的吧！我很能理解那樣的心情（笑）。可是啊，那樣的行為・行動，是以「沒錢」或「不希望錢減少」或「不想出錢」這些意識為主軸，是不太相信前面說過的「能量出去後會再回來」這個絕對法則的行為・行動，所以這情況是有些不OK的。

那麼，該怎麼做呢？那就是在購物時要聆聽「自己的心聲」，不要只用金額去判斷。

若真的想吃那樣配菜，又恰巧看到降價，那當然可以以感謝的心情買下來，但若有其他想吃的東西，就請把那些也買下來。

其實，吃真正想吃的食物會比較能提升滿足感。吃到「自己」真正想吃的食物時，感激的心情以及幸福度都會提升。所以就波動的觀點來看，比起「吃降價卻不是真正想吃的食物」，吃「真正想吃的食物」波動會比較豐盛。之後漸漸地就會有補足降價價格的那些金錢流進來。

實際上，自從我澈底執行「只買真正想吃的食物」「只買真正想要的東西」後，富裕的迴圈就變更大了（雖然一開始我在做的時候是有些惴惴不安的）。

「買到划算的了」雖也很令人開心，但你是真心感到喜悅的嗎？即便顯在情況是喜悅的，但我認為在潛意識中，你不一定是真心感到喜悅的。

所以請把金錢用在你真心想要的東西上吧。

還有，「你付出的金錢」在下次會交給別人、之後又交給另一個人……就這樣一直循環著，終有一天會幫上某人的忙……若能擁有這樣的觀點，或許就容易擺脫「捨不得掏出錢來的自己」。

試著想像自己爽快掏出的錢能幫上某人的忙。以「或許能有助社會」的意識來循環金錢，在現實中所收穫的豐盛就會不斷增加。

想讓「金錢」與「自己」的振動數合拍時

若期望能錢滾錢，就要加上「金錢是循環在世界上的東西」這樣的想法，在日常生活方面，也建議要增加品味「金錢帶給自己的喜悅情感」的時間。

對於「金錢會給自己帶來喜悅的情感」的想法，有些人會認為：「有足夠的金錢很令人安心」，也有人會覺得：「發薪日真令人雀躍啊。」，請試著增加品味這分情感的時間吧。

此外，想像著「想到存款簿上印有一億就讓人興奮．笑逐顏開」「有了意想不到的臨時收入，真讓人高興」，也能品味到那樣的情感。

只要這麼做，「自己」的周波數．振動數就會開始變成是「金錢」的周波數．振動數，自己的身體就會變得如磁鐵般，「金錢」都會聚集到「自己」周遭來。

不過應該有不少人的情況就如同我現在所告訴大家的，「自己」的周波數・振動數與「金錢」的周波數・振動數不合，所以金錢完全沒有循環起來……。

造成這種情況的原因有好幾種，很難特定出是哪些原因，但或許是因為避開了「金錢」這個能量之故。這時候，在增加品味「金錢帶給了自己喜悅的情感」之前，請試著想像：「如果自己就是『金錢』，會想要去到哪種人的身邊呢？」

若自己是「金錢」，應該會「想要到」每天都能感到很安心、帶著笑容、會給予「金錢」純粹的愛那種人身邊去吧……。

相反地，不太會想要到煩躁的人身邊，而且會想從緊抓住「金錢」不放，或是意識專注在束縛・執著上的人身邊逃走。

而金錢去到人們身邊時（獲得「金錢」時），會更想待在心懷純粹的感謝、歡喜的人身邊，也會想把同伴一起帶過去……。可是，因金額大小不同，若有人嘆息地說：「就這一點啊……」，或好不容易獲得了「金錢」卻不滿地抱怨：「要是早點拿到手就好了。」金錢就會「不想待在那個人的身邊了」。

就像這樣，想一下如果自己是「金錢」……會想前往什麼樣的生活方式・現狀的人身邊去呢？做出修正，「金錢」就更容易聚集到「自己」身邊來。

或許這聽起來非常的不可思議，但是，每天要以「金錢的心情」而生活。同時只要觀察並品味「金錢帶給自己的情感」，「金錢」就自然會增加了。

「獲得」結果與「沒有獲得」的人，只差在「意識關注點」的不同！

我在 YouTube 上傳了各種主題的音檔。其中也有「讓金錢的循環變好」音檔，也有人留言說：「聽了這個音檔三次，但一點改變都沒有」「雖然試著做了一個禮拜，但什麼都沒發生」。

老實說，我看到這些留言時，不禁會想著：「哇！真可惜！」只要看一下留言版就會發現，也有很多人在聽了同一個音檔後說：「我獲得了臨時收入！」「我中了彩券！」

為什麼明明做了同樣的事，卻有人能化為現實，有人卻不能呢？要說其中到底有什麼差異，那就只有「意識關注的地方不同」而已。所以是非常可惜的呢。

首先，「想改變自己」「想開創新的現象」時，要做出某種行動。

這時，若是以「就算做了這些，反正也不會改變的吧……」，或是「做了這些真的會有改變嗎……」這樣的感覺為前提，以「做了也不會改變」的想法或抱持懷疑的念頭去行動，就連本該會改變的情況都不會改變了。

另一方面，若是以「做了這些就會改變」「因為做了這些，所以就改變了」這種感覺為前提，以「做了就會改變」的想法去行動，遲早都一定會改變。因為你相信並想著「自己」會改變。

此外，說出「聽了〇遍但都沒有變化……」或是「聽了〇天，但都沒有改變……」的時候，就會遠離「金錢」所發出的豐盛波動，也會遠離「信賴」「感謝」等的高波動。

不要焦急，請以輕鬆的心情等待，只要擁有相信著「一定會到來」的念頭，不知不覺中，「金錢」就會來到你身邊了。

我以前也常想著「快點來」「快出現結果吧」，所以非常理解那種焦慮的心情。正因如此，我會更強烈的覺得，有前述想法的人真是太可惜了。

要背負著「想實現的心願」或「想消除的煩惱」多久期間呢？對每個人來說，心願、煩惱的大小都不一樣，但愈是長期間或愈是大的願望、煩惱，化為現實所花的時間就愈多。

讓我們先暫時中斷一下「金錢」的話題。我在十幾歲時就因戀愛的問題而煩惱。總是被當成備胎，從沒有談過一場覺得被對方「打從心底愛著」的戀愛，經常在哭泣。在得知現實創造論以及吸引力法則時，我欣喜於「這樣一來或許能遇見理想的伴侶」，於是興奮地開始進行，但過了一個月，卻沒有任何改變，那時我對那分資訊、對自己都失望透頂。可是，有個人告訴我：「若是煩惱多年的事，要等到它有好的發展，不是要花上相應的時間嗎？才一個月就放棄，未免太早了吧。」我因而恍然大悟。

「的確……。想到人生有一百年，未來的路還很長，就算現在沒有立刻出現伴侶，在七十歲左右出現了感情很好的伴侶也是十分幸福。想用一個月就消除約十五年的煩惱，或許是太過於心急了……」這麼一想，我的內心就變得輕鬆起來。

有了這樣的意識後，我的內心就生出餘裕，現實中也出現了很不得了的變化，讓我遇見了我先生。

這樣的情況不僅限於發生在我身上。有很多人都是，「希望盡早實現」這樣的念頭愈是強烈時，愈是能「放下心願就會順利實現」（請重讀第七十九頁的內容）。

我們再回到「金錢」的話題上。在現實創造論中，尤其是以宇宙法則來思考時，可以說的確會像找出能配對的拼圖一樣，做出的行動會很不可思議地完全貼和解決方案，發生一口氣解決煩惱、實現願望的奇蹟。

可是啊，如果真想創造出「期望的現實」，其實在進入到「沒有獲得結果啊」這個意識的時候，很遺憾地，就創造不出來了。

能順利創造現實的人，其實有很多都是有著「能耐心等待」的心態。因此不太會湧現出「沒有獲得結果」這樣的念頭，而是以「聽了這個音檔後會發生什麼呢」這樣的感覺在聽的。

而假設，即便他們是想著：「奇怪？怎麼沒怎麼出現成果呢？」也會思考：「既然這樣，該怎麼做才能創造出『期望的現實』呢？」並修正行動與生活的方式，而不會在「自己」心中置入「放棄的意識」。

因此，若是察覺到自己有在想著「沒獲得結果啊」、很焦慮、想要放棄，請試著告訴自己：「沒問題的，不用那麼焦慮喔。」

然後不要主動進入「沒有獲得成果的波動域」並感到沮喪，而是請將方向修正往「因為好像會發生什麼好事，總之就來播放這音檔吧」這樣輕鬆的意識去聽。

Chapter 5

「願望」沒有化為現實時，就要面對自我、了解自我

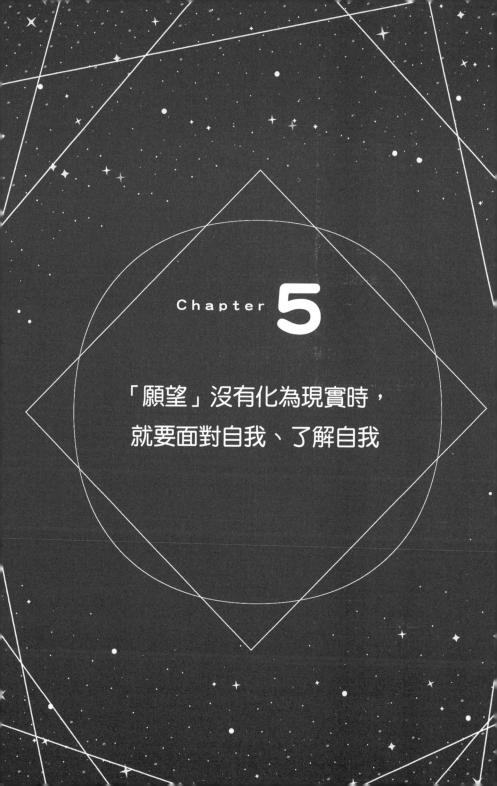

願望沒有成為現實時要思考「鬆開潛意識中的煞車」

雖然想著「真想過著那樣的人生啊」但卻難以成為現實。這時候，大多是陷入了兩種模式中。

一種是過於執著那個願望，使願望難以實現的狀態。這是「什麼時候會實現呢？」這樣的期待過於膨脹且過於在意得不得了的狀態。

現在的我一想到「要是這樣真好啊～」就會立刻寫到筆記本上，之後則是站在「俯瞰・宇宙的視角」以「一切都會順利」的意識生活，或是在想要的時候進行冥想、喝茶放鬆並深深地感謝著「人生真是美好啊～」，多多感受著「沉靜的喜悅」而活。

因此，我不會再度思考著「要是變成那樣真好啊～」而寫出的願望。

要再重申一次，因為都沒化成現實而煩躁不安時，請以「一切都會順利」這樣的想法，將意識放在「無」或「沉靜的喜悅」上。這樣就容易自然地化為現實。

還有一種情況是，**潛意識中有某個煞車，才讓願望難以實現**。

若是這樣，就要弄清楚採煞車的原因並進行排除作業。

關於「鬆開煞車」有各種說法，像是「排除阻塞」或「排除成見」，但基本都是一樣的。

不過，不論是煞車、阻塞還是成見，似乎很多人都覺得要排除很難，但其實非常簡單。

「覺得很難，就會變得困難」。其中也有思考・意識的陷阱，所以要小心。如果至今為止都覺得「很難」的人，請試著以「簡單♪」這樣的想法・意識輕鬆以對。

例如「想談場美好的戀愛……。可是卻總是不太順利」的時候，以及「想比現在增加更多收入……，可是完全沒有化為現實」時，可以用以下兩個步驟來推進。

步驟 1

為了弄清楚「存在於潛意識中的煞車」，請試著填寫以下文章結構中的○○○與△△以寫成一篇文章。

☆小純的「尋找潛意識中煞車的句法結構」

「無法變成○○○……。因為△△△。」

例：想談一場美好的戀愛，卻無法化為現實的人。

「無法談場美好的戀愛……。因為我都已經這把年紀了。」

例：想獲得比現在更高的收入，卻無法化為現實的人。

「無法獲得比現在更高的收入……。因為我沒有特殊的才能。」

就像是這樣的感覺，你自己所感受到的煞車，就會浮現在「因為△△△」這個地方。只要弄清楚了煞車，接下來就會浮現你必須要面對的本質性問題。

以從前的我為例，我曾有段時期是「明明想調整身心狀況，卻無法化為現實」，以下我試著寫出相關的例子。

「無法調整好身心……。因為我在心中某處想著『應該是治不好了』。」

「無法調整好身心的健康……。因為覺得要是沒有傷病津貼會有些困擾。」

「無法調整好身心的健康……。因為我會無法獲得雙親的關心。」

會成為煞車的原因不會只有一個，所以請試著寫出幾個來吧。

步驟 2

針對在步驟一中寫出的煞車，要主動去靠近真實的自己。單只要這樣做，就很容易、輕鬆排除煞車。

具體做法是，請試著思考，若是對你來說非常重要的人有這樣的煩惱，你會對他說什麼？

——以先前的我為例，如果我極為重視的人有了前述的煩惱，我想我會強烈地告訴他：「不須要想著『這個症狀是治不好的』！會出現奇蹟的！話說回來，假設就算暫時治不好，也不要在一開始就放棄，要為了治好而努力於『現在能做到的事』，這樣才是有意義的！」並擁抱他。

試著鼓勵對方：「我很能理解要是沒了傷病津貼會很困擾。但若是恢復了健康，就能獲得比傷病津貼更高的收入，這樣不是比較開心嗎？」

「就算小純妳沒有生病，爸爸、媽媽還是很關心妳的。認為『因為生病了才關心妳』什麼的都是幻想唷。」哭泣著告訴對方。

此外，若是你很重視的朋友煩惱著：

「無法談場美好的戀愛……。因為我都這把年紀了。」你可以說：「你在說什麼啊！我家過世的阿婆可是過了九十歲還在談戀愛喔（這是真的）！你年紀才沒有很大呢。有這閒暇想這種事，還不如來去買跟未來另一半約會時要穿的衣服」。

此外若是很珍重的朋友煩惱著：

「沒辦法獲得比現在更高的收入……。因為我沒有特殊的才能。」你可以說：「你在說什麼啊！即便沒有特殊的才能，也能提升收入啊。不如說，這世上才沒有什麼『沒才能的人』，所以不要跟『自己』說這種過分的話啦。之後一定會順利的，就換個心情，重新來找工作資訊吧。」

這麼做可以把用在「重要的人」身上的話語以及應對方式用在自己身上（「自己」安慰「自己」，或是自我擁抱都很有效）。

這麼一來，就會感到放鬆，而只要這樣，就能排除煞車。

同時，只要再度向宇宙下訂「期望的事物」，或是設定目標，一切就很容易化為現實。

此外，這個練習的最大特點不在於「能否完美地找出煞車？」「能否完美地靠近、治癒自己？」重要的是「是否有努力過了？」

察覺到自己在心底深處感到困擾、煩惱，對此，「自己」真摯且誠實地向「自己」提出解決方案並鼓勵自己，這才是最重要的。

「自己」最強大的盟友就是「自己」。

在體現這點時，就能體會難以用語言表現的「從心底湧現的喜悅之情」，在這個時間點上，潛意識與波動都會傾向正面積極，現實就會改變。

現實創造論的機制就是，即便在顯意識中想著「要變得〇〇」，若是在潛意識裡想著「無法變得〇〇」，不管什麼時候，潛意識的「無法變得〇〇」都會化成現實。因此在現實中，就不會發生現象化。

只要排除進入到潛意識的「無法變得〇〇」這個煞車，並將潛意識所想等同於顯意識所想，現象化就會不斷且迅速地展開。

想重振自我時，「接受與共鳴」超級重要

被某人說了「討厭」、發生了「不想發生的事」，因而極度沮喪……。若是處在這樣的時刻中就會想著「自己不可以一直處在這樣的狀態中！要早點重振起來！」而去進行某些練習，一邊拚命冥想，一邊整頓自己……。

各位是否曾做過這樣的事呢？

因為任誰都想早點擺脫不愉快的心情，所以這應該是大家經常會採取的行動。

可是你在這時候，是否有走上「接受與共鳴」之路呢？

在進行某些練習前，若察覺到了「動搖的自己」「洩氣的自己」「心情紛亂的自己」，你「自己」是否有想要去理解並接受「自己」的狀態呢？

若沒有「接受與共鳴」，直接去進行練習，無意中就容易持續留有煩躁不安感，無法感到暢快。

之所以會這樣的原因很簡單，雖然自己沒有惡意，但卻沒有去照護傷口，而是強迫自己去做練習並進行修補，因此「自己的心」就會愈來愈感疲憊。

所以，真心想要讓自己振作起來時，首先請澈底面對「自己的心」，做到「接受與共鳴」。

大家聽過「自我疼惜」（self-compassion）這個說法嗎？這是心理學上的用語，但也有「以對待自己所愛之人、重視之人那樣貼心的態度，同樣體貼地對待『自己』」的意思（本章中「鬆開煞車的方法」的步驟二也同於此）。

我認為，每個人都有珍惜的家人、同伴或朋友，若是他們感到沮喪，一般都會對他們說溫柔的話語、陪伴著他們，以體貼的心意去對待他們。

可是很多時候，我們卻都無法這麼對自己，遑論是體貼以對，甚至還會責備自己、格外讓自己痛苦。

這就關係到生存的痛苦以及沒自信，所以在心理學中，提高自我疼惜的能力很重要。

在創造現實時也是，自我疼惜也是非常重要的。

這是我自己的經驗，以前我在挑戰的工作上大為失敗。那時候我「自己」完全沒有慰勞「自己」，反而大為斥責。

「要是那樣做就好了」「為什麼這麼愚蠢」「反正我就是做不到」……。我非常討厭無法達到目標的自己，但結果只是讓事態更加惡化而已。

雖然在歷經大失敗後，我依舊做出了新的資料、再度向對方公司提出企畫案……。我的「悲傷」大到讓我放棄的程度，甚至想著「這人生再也走不下去」而想消失。

若是波動紛亂、低落到這地步，根本就完全無法提升幹勁，而且也不會浮現出任何嶄新的機會，更無法向宇宙下訂單。

那麼，我要如何擺脫「心無所依的純子」呢？當時我恰巧有個機會和以前學心理學時的前輩一起喝茶，是他讓我想起了自我憐憫。

之後我一邊接受自己，一邊共鳴道：「真是有好好準備呢」「做出了小純能做到的努力喔」「被人指正很受打擊吧。我懂喔」，貼近自己的心情並多多鼓勵自己。

結果，我的眼淚不斷滴落，透過哭泣，讓心靈慢慢地冷靜了下來。

然後，關於失敗的那件工作，我也能以「這真是場好經驗」的感謝心態來接受了。

結果，那間公司直接聯絡了我，告訴我：「希望能再跟妳聊一次。」因為我曾有過兩次大為失敗的經驗，託此之福，我獲得了一些資料，對談有了好的轉機。

我有過這樣的經驗，所以現今會留意「『自己』是最能理解『自己』的」。不論何時，都能接受並有共鳴。

像這樣，「自己」成為「自己」最強的友軍，就能感受著溫暖的情感而活，就波動的法則來看，就會形成附帶而來的現實。

正是在自己感受到煩惱、痛苦的時候，才更要「自己」對「自己」做出像是來自第三者所帶來的、讓你感受到「喜悅」的應對。請像疼愛子女的父母認為「這孩子真是可愛得不得了呢」（笑）這樣來疼愛自己吧。

之後只要進行冥想或其他練習，就容易感受到「這個練習的效果真厲害呢」，也會比想像更快地讓自己振作起來，像這樣的事是很常發生的。

迷惘於不知道該怎麼選擇時，就「聆聽潛意識的聲音」

誠如人們常說的：「人生是一連串的選擇。」我們經常會碰到被迫要做出選擇的瞬間。像是「要不要買呢」「要不要去呢」「要不要休息呢」「要不要分手呢」等等。

要是能順利決定還好，但在做選擇的瞬間，應該有時也是會迷惘的吧。針對這個「迷惘時刻」的應對法有各式各樣，但我常做的就是在那時「聆聽潛意識的聲音」這個方法。

正確來說，不只是潛意識，我也會去聽超意識、宇宙意識的聲音，這三者可以說是互有連接的。為容易理解，這裡只用潛意識來說明。

順帶一提，超意識是比潛意識跟深層、更先進的意識。超意識可以想成是宇宙或神的領域。據說是生命之源的宇宙，與宇宙意識是相同的意思。

「迷惘於不知道該怎麼選擇的應對法」的具體步驟是：

①說出「整體性都會順利」這類內容正向的話語，例如「反正一切都會順利」「全都會順利」「不論選什麼都會幸福的生活」等。

②試著把迷惘的選項說出口。

③試著觀察心靈的反應。

只有這些而已。只要做到這三步驟，就能聽到潛意識的聲音。

具體來說，譬如像是去超市猶豫著要不要買胡蘿蔔的時候：

①試著說出「整體都會很順利」這類內容正向的話語，例如「不論要不要買，做出的選擇都很順利」等。
②試著說出讓自己猶豫的事：「買胡蘿蔔回去」「沒買胡蘿蔔回去」。
③試著觀察哪一句話會讓自己興奮。

說完①②後觀察③的反應時，只要選擇莫名有被吸引的感覺、感覺興奮的選項並行動，就容易出現好的發展。

注意點是，遵循這步驟，了解到「啊！朝這邊前進比較好呢」之後，大多時候就會有如怒濤般的負面思考襲來，讓人感覺：「還是覺得好可怕，所以還是算了吧」。

因此，明明決定好要「買胡蘿蔔回去」，卻容易變成像是「可是因為是有機的，比較貴……還是算了吧……」這樣的結果。

不過這單純是「身體的機制」。觀察到正向的思考・情感後，就會陸續出現負面的思考・情感，這是正常運作，所以在發生這種情況時就更要「GO！」

請拿出勇氣踏出腳步。

話雖這麼說，若覺得太害怕，或是即便稍微前進一點，「可怕」的感受卻仍未消失時，就不要勉強。即便是選擇「現在保持不動」，也完全是ＯＫ的。

就像這樣，可以「在日常中做小選擇時」進行嘗試，若是有聽到潛意識的聲音，在「進行大選擇時」將會很有助益。

做像這樣的小選擇時，只要養成習慣傾聽潛意識的聲音，身體就會記得「感到迷惘時該怎麼做比較好呢？」所以在換工作、結婚、離婚時等做人生重大選擇時就不太會感到迷惘。

肉乾
or
帶骨肉

小純流──聆聽「心靈之聲・靈魂之聲」的方法・內觀練習

我經常告訴大家要「請聆聽心靈的聲音・靈魂的聲音」，但卻也經常會聽到大家問：「那要怎麼做？」所以在此請容我做個說明。

在創造現實時，得知自己的心靈之聲・靈魂之聲是非常重要的。「聆聽『心靈之聲・靈魂之聲』的方法」可以稱之為「內觀」。這雖會讓人覺得與前一個項目的「聆聽潛意識的聲音」是不同版本的，若在前述做法中無法順利做出選擇的人，也能將此做為參考。

其實，有各種「聆聽『心靈之聲・靈魂之聲』的方法」，大家可以選擇最適合自己的方式。我自覺自己是不擅長於有點麻煩的類型，所以只有持續「寫筆記」以確實捕捉必要的心靈之聲・靈魂之聲。

在日常生活中，總之就是試著一邊看著「當下」的風景一邊試著寫出「自己正在想些什麼呢？」這類的「思考」，或是試著寫出「自己感受到了什麼呢？」這類的「情感」，試著寫出「在內心中大叫的聲音」。

針對在那瞬間發生的事，就只要寫下像「啊，我現在是這樣感覺的呢」「我是這樣想的啊」「在我內心深處是這樣呼喊的呀」這樣的筆記而已。

只要這樣做，就能明確區分出「在大腦中響起的聲音（多餘的思考聲音）」以及「在內心中響起的聲音（必要的心靈之聲・靈魂之聲）」。

話說回來，我想要聆聽自己「心靈之聲」的契機是以前去心臟內科看病的時候，因為被心理諮商師建議「試著做做看吧」。

那時候的我不是很清楚自己的感受，像是自己對什麼感受到壓力，或是對什麼感到不安等，完全不知道該怎麼活下去。而且也會突然變得很惶惶不安……。

我認為自己有必要「認識」「客觀觀察」自己的心。

一開始，我認為「只是寫個筆記，能有什麼改變呢」，但卻驚人地出現了正面的變化。

因為寫了筆記，首先，我很驚訝於到目前為止都不了解「自己」這件事。自己明明對「當下」所看到的景色・現實有各種想法、品味到了各種情感……。我對自己完全沒有注意到的事、注意到了卻沒有做出良好應對這點，滿是非常抱歉的心情。

我完全不了解自己，即便自己的心靈在哭喊，也一直都無法捕捉到那聲音。因此人生才過得很艱辛，我察覺到了這點後，便想著「我要成為最理解自己的人」。

或許也有人會疑惑著：「要怎麼做筆記呢？」所以以下就舉例給大家看。

例如被上司怒罵〇〇的瞬間，

「思考」　我可能不太適合這分工作啊……可是要找新工作很麻煩……話說，這位上司的血型是什麼型啊？好想早點回家……

「情感」陰鬱・悲傷・不安
「心靈的聲音」我很努力了，為什麼上司不了解呢？好想獲得上司的認可

此外，例如像是在超商看見感情很好的情侶時，

「思考」可惡啊！……那個女孩子絕對是在裝可愛。早點分手吧。然後快點付錢滾出商店（這時候的我完全是在生悶氣（苦笑）。真的很抱歉）
「情感」嫉妒・焦慮・自我厭惡
「心靈的聲音」寂寞……我也想要被心愛的人所愛……（哭）。好羨慕那些人

要像這樣盡量捕捉日常自我的思考・情感・心靈的聲音。

只要持續這樣做一段時間，就能清楚辨別出思考・情感・心靈的聲音。

像這樣，只要能知道「心靈的聲音・靈魂的聲音」，就也會知道，要對那時候的自己說出什麼樣的話語才能振作起來，也會察覺到多餘的思考，而不會因此被情感・心情給牽著鼻子走，然後希望大家能投入「正面的思考」，並修正自己。

被上司痛斥○○的瞬間，就試著轉換成如下的「正面思考」：「被提醒要注意這些，或許是因為對我有期待⋯⋯。經常有人說自己沒被罵就結束了，所以像我這樣可能是能力頗高的。」

這麼一來，「情感」上就會感受到積極・有幹勁，在「心靈的聲音」上也會變成可以想成是：「好！再做一次吧！」

只要能理解「自己」，同時在合適的時機點做出修正，就能簡簡單單地讓生活變得更輕鬆，而且很多時候從那樣波動狀態中創造出來的世界也會很有意義。

「做決定與恐懼」是一個套組

「聆聽心靈的聲音・靈魂的聲音」的好處就是，在做關於人生重大決定時會很有幫助。

結婚、離婚、辭去工作……。在做人生階段性的重大決定時，若是處在不知道自己情況的狀態、不知道自己心靈之聲・靈魂之聲的狀態下來做決定，那將會非常艱難。

只要在平常就去「聆聽心靈的聲音・靈魂的聲音」，做重大決定時，就很快會知道「我想這樣做」。即便有所迷惘，最後也會痛快決定「就是這個」。

不過，希望大家知道的是，愈是遵從心靈的聲音・靈魂的聲音，做決定時，愈是會出現恐懼。

做決定與恐懼是一個套組，是陰陽的關係。

在「這樣做不會有錯」的決心中，雖會感受到陽的能量，但同時，愈是這樣就愈會出現恐懼。會恐懼著「這樣真的沒問題嗎」。可是，好好聆聽自己心靈的聲音・靈魂的聲音的人，知道恐懼與決定是一個套組，會隨之而來，所以能冷靜地想著：「好，知道了，每次都會出現恐懼呢」。

這些人知道「就算會害怕也無所謂，這樣就好」，然後能以沉穩的姿態前進。

相反的，若是處在無法好好聆聽自己心靈的聲音・靈魂的聲音的狀態下，在出現恐懼的時間點就會有所動搖，因為不去遵從心靈的聲音・靈魂的聲音來做決定而無法前進，導致停滯不動。

可是心靈・靈魂卻在大叫著：「想去那裡！想去那裡！」而本人卻無視這樣的叫喚，不去行動，因為身體沒有行動，就會選擇與至今為止相同的狀態，導致在心中產生背離感。出現了極大的壓力。

結果，波動會紛亂，之後所創造出的現實也不會遵循心靈的聲音・靈魂的聲音，導致滿足度低落。

因此，首先希望大家要去試著「聆聽自己的心聲・靈魂的聲音」，只要這麼做了，就一定會有出現「我想去那裡」「我想這樣過生活」這類心聲。而只要像那樣行動，自然就會出現恐懼，但請注意，不要為那恐懼所動搖並無視本來的心靈之聲。反而愈是在恐懼出現時，愈要「GO！」

「不知道真正願望」時的提示，知曉「自己使命」的方法

「自己為什麼會被生下來呢……」「這個人生該怎麼活才能感受到『幸福』呢……」各位是否曾像這樣思考、煩惱過關於「活著」「生命」「人生」一類的事呢？我是個非常會想東想西的人。說不定也有人是「才不會去想這些事」的，但「使用自己生命的方式」以及「使用自己被給予的時間的方法」，是能讓人生過得更豐盛的關鍵。

因此，希望大家能空出時間來面對這些事，而要說這麼做了之後能理解些什麼？那就是能知道所謂自己的「使命」。

「使命」就如字面上的意思，是「這輩子使用生命的方式」，每個人都有自己這輩子的任務・責任。

人若是能察覺到「使命」，並遵循著「使命」而活，自己與自己周遭重要的人就都能感受到「幸福」。

若能活出「使命」，一切都會天下太平、皆大歡喜，雖然不是說一定是「只會發生好事」「只會品味到愉悅・開心的情感」，但只要能活出使命，身而為人，才能也會拓展開來……。即便會碰上阻礙，也要想辦法克服，這樣的經驗會成為食糧，可以讓人性變得更豐富多彩。讓我們對人生中所發生的一切，都心懷感謝的接受。而所謂的活出使命，我認為就是這麼一回事。

話雖這麼說，其實自己有沒有活出使命，在活在這世上時，沒有人會知道正確答案。除非去到另一個世界，才會知道那是不是正確的。

因此，比起去追尋現在的生活方式是否就是使命，倒不如時常留意「我的使命是什麼？」而活，若能這麼做，就能意識到自己所做的事能帶給自己周遭的人幸福，然後不知不覺中，就會隨順使命而活了，希望大家能知道這點。

現在，我正在學習佛教，而佛陀有著如下的教誨：「我們的生命有限。時間是有限的」。也就是說，「生命」就是我們被賦予的「時間」，而且我們不知道何時會終結。因此，一邊思考著「該如何生活」，一邊珍重「生命」而活，就是在「珍惜」時間。我在知道這個教喻時，獲得了很大的啟發。

我認為，珍惜每一天的「生命」與「時間」，同時思考著「這一生該怎麼活呢」並行動，正是在試著面對「使命」……。

正因如此，我也想讓各位知道自己的「使命」，而想知道使命時，有個方法可以用得上。

試著想像「如果自己的生命只剩下一個星期，你要做什麼？」

如果自己的生命只剩下一個星期，你會做什麼？

如果浮現在腦海中的事物是可以立刻就做到的，那請盡早去嘗試。這個問題最大的重點在於得知現在自己想把生命用在哪些真正想做的事上。

例如可以像是「打掃家裡」「向家人說『謝謝』」「看最喜歡的電影」等這些讓你覺得是「瑣事」或「沒什麼大不了的事」。

因為腦中浮現出的事對「現今的自己」來說是必要的，所以請不要做出判斷，而是坦率接受並做出行動。

順帶一提，就我的情況來說，針對這個問題所浮現出的答案是：「想擁有和家人一起悠閒度過的時間」「想把在這輩子學到的一切寫成文章並發布流傳於世」。

試著寫出來，就會確切知道自己很重視家人，以及和家人待在一起的時間有多寶貴。此外，關於「想把在這輩子所學一切寫成文章並發布流傳於世」這點，實際上，我現今就有在 YouTube 以及 Instagram 上發布訊息，所以知道自己現在正在做的事就是一大使命。

應該也有人察覺了，順從「使命」而活的人，與其本人有無自覺無關，都會被世人說是「幸運的人」或是「擁有好運氣的人」，自然地就會匯集「愛」與「金錢」等豐盛於一身。

金錢會想把力量藉助給想完成自己使命的人、想被這些人使用，金錢有這樣的性質，而愛也是，所以自然地就會聚集到拚命活出自己使命的人身邊。在自己今生，用盡生命・力量，拚命而活，因為想成為這些人的力量，所以不僅是伴侶，想支援你、有愛的人就都會聚集而來。

想讓運氣成為你的盟友，並與各種豐盛加深緣分時，就請試著去找出自己的「使命」吧。

從姓名來了解使命！

其實，「去查閱自己名字的每一個字（請試著一一查詢每一個字）」，也能看出使命。

據說單只要一一查詢每一個字的意思，就會發現在「姓名」中，藏有你一生要投入去做的使命。

察覺到隱藏在姓名這個言靈中的「使命」，然後只要做出與之相關的行動，就容易看到「幸福的展開」。

因此，請務必試著去查詢你自己名字中每一個字的意思喔。

我在工作上是使用娘家的姓「吉岡純子」，在私生活中的名字則是不一樣的，但在公司工作時，關於自己的使命就是「吉岡純子」，而私生活的使命則是結婚後的名字，關於結婚後使用的名字我也有去查了一下。就像這樣，請試著去查詢一下在自己活動場合中所使用的名字。不過，據說，舊有的姓氏＊是自己的本質，是天生的使命，所以若是在意，可以同時去查詢自己的兩個姓名。

順帶一提，「吉岡純子」的名字中，日文「吉」這個字帶有「慶賀」「吉祥」「好運」「慶幸」等的意思。日文「岡」這個字則有著「靠近」「旁邊」的意思。也就是說，是「某人朝著『吉』這個方向前進，並靠近『岡』」。因此，我認同了自己所從事的這分工作，並感覺到自己是有在遵循著使命。

純子的「純」在日文中是「純粹」的「純」，是以沒有混雜、沒有虛偽、沒有掩飾的狀態而「存在」。「子」在日文中有思想家、學者的意思，所以我很喜歡去學習各種實驗或思考，就像這樣，從一個名字就可以推測到自己為什麼現在會是用這樣的方式在過生活。

想知道得更詳細的人，請去委託能進行「使命鑑定」的人幫忙吧。或許有人「不知道該去拜託哪位鑑定師好」，但選擇占卜師或心理諮商師時，一定要選擇對現在的自己來說是需要的人。只有波動與你相合的人才會彼此相會，請相信並正視那個時候的直覺吧。

你有自覺「自己是被愛著」的嗎？

在創造現實時，有件事非常重要。

那就是要自覺到「自己是被愛著的」。

若你覺得自己沒有被誰所愛，或是自己沒有存在這世界的必要，希望你要發現，這是很大的誤解。

＊註：日本女性在結婚後會改換夫家姓氏。

「很難找到另一半」「雖有煩惱，卻沒有一個可以讓我放心商量的朋友」「和雙親、手足的關係惡劣，已經好多年沒聯絡了」……有這些情況時，因人而異，或許有人會「沒有被愛的自覺」，但即便如此，「你並非是不被愛的」。

就像這樣，認為「沒有被愛的自覺」時，你會感受到孤獨，過得很辛苦、寂寞吧。視不同情況，或許有人會生悶氣、鬧彆扭，認為活著很無趣。

可是，那仍是因為用「不被愛」這個「無」的意識來看待自己，而那樣的波動就創造出了現實・現象。所以，若不想一直待在那樣艱辛的意識・現狀中，就請試著改變視角吧。

不過，在改變視角前，希望大家注意到一件事，就是不要否定「不可以認為沒有被愛的自覺是不行的」。

首先，要像「原來自己是這樣想的啊」或是「很辛苦吧」這樣，請溫柔地包容受傷了的自己（第一一八頁的接受與共鳴）。

其次請試著問自己：「可是啊，你真的是不被愛的嗎？」

之所以能吃到食物，是因為有負責製作、運送和販售的人，以及奉獻出生命的動植物。能使用智慧型手機也是，都是拜開發智慧型手機的人、整備好電波環境以及各種設備的人之賜。

而我們之所以能活著，也都是託雙親以及祖先之福。能順利成長也是因為都有相關醫院、幼兒園、托兒所、學校老師以及職場上人們、朋友的幫助。

即便在最需要愛的時刻，沒有人對自己說「我愛你」；即便無法感受到某人的溫暖而寂寞得不得了的時候；即便因為不安而痛苦的時候，都希望大家能試著回想起其實自己就像前述那樣，是擁有許多愛而活的。

這麼一來，若是能察覺到「我的周遭充滿了愛」，現實在中途就會開始改變。只要改變你的視角・思考・情感，每天就會變得很開心，願望也自然地會開始實現。

此外，也可以在洗澡時對自己說：「我很愛自己唷。」若是羞於說出「我愛你」這句話，或是對這句話有所抵抗，那也可以說「謝謝」。只要「自己」最愛「自己」，就能改變「沒有自覺到有被愛」的意識。

我們無法獨自一人存活下去，一定是有受到某人的照顧、活在「愛」的環境中，對某人來說，你也一定是必要的存在。

舉例每個月付的房租來看。那會成為房東以及不動產公司的人的收入，成為那些人家庭生活食糧的一部分。我們就是像這樣互相幫助，讓愛循環不息而生的。

只要你活著，就是活在愛的循環中，已經獲得了極大的愛。請察覺這點，並再次自覺到「我是被愛著的」。這麼一來，眼前就會出現感受到超乎此前的愛的現象。

Chapter 6

為了成為「理想中的自己」，整頓習慣與日常生活的方式

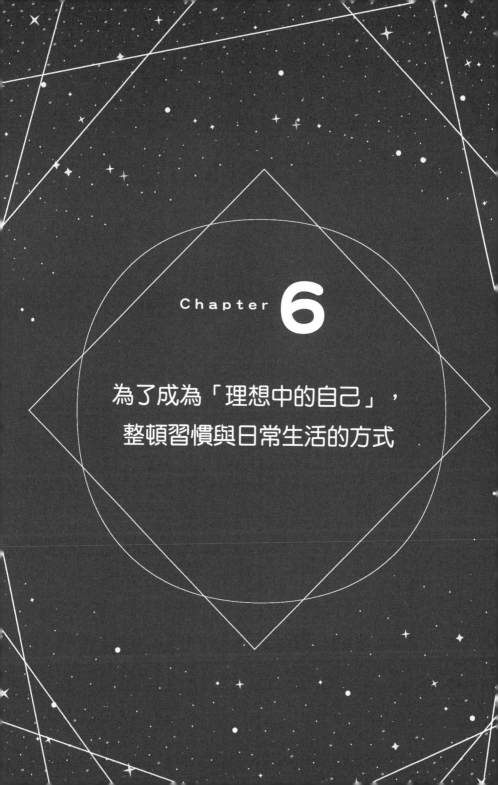

切換空間的波動「光子」吧

知道「光子」（Photon）這個詞的人應該不多，在物理學中是指光的粒子性，是屬於基本粒子。

我們身體中的每一個細胞中也有這個「光子」。據說肉眼看不見的「意識」與「情感」，就是由「光子」所組成的。總之，若仔細觀察波動，那就是光子，所以可說是能量的最小單位。

例如感受到「憤怒的情感」時，就會放出「憤怒的光子」；感受到「喜悅的情感」時，就會放射出「喜悅的光子」。

因此，舉例來說，若一位母親在家中客廳開始煩躁不安，就會放射出煩躁不安的「光子」並擴散到整個客廳的空間。而孩子若接觸到那光子，就會感受到同樣的煩躁不安，情緒無法平靜下來。

此外，假設在去靈異景點的中途，你突然覺得身體不太舒服，或是性格突然大變，你應該就會認為「那個地方的靈該不會是惡靈吧」。從靈能力・波動以及量子論的觀點來看這現象時，看起來則會是「這裡只是受到以前來到這個地方的人的恐懼的波動，亦即恐懼的光子的影響而已」。

所以，我最想告訴大家的一件事是，假設職場或學校的波動很低，不安定的光子交錯亂飛，那你就會受到那影響，使你的波動也開始變低、變陰沉，有時也會突然變得很不穩定喔，或許你「現在」之所以感到沮喪，並非是因為你自己的緣故。

我們人類會在不知不覺間「受到那個空間的波動、光子的影響而活」，所以從日常起就要好好調整那個空間的波動、光子非常重要。

在此，希望大家能注意到以下三點並試著去做做看。

1 換氣　2 捨棄不要的東西　3 感謝

1 換氣

每天早上一起床，我最先做的就是這件事。

原因是，透過換入自然的空氣，就能更換掉那個空間的波動・光子。此外，就物理層面來說，可以排出停留在那個空間中的室內粉塵、氣味等，能保持房間內空氣的清淨。打開窗，接觸到或太陽光時，總之就會感覺很舒服，就提升自己的心情・波動這點上來說是一大重點。

2 捨棄不要的東西

這點不待言說，「沒使用到的東西」的波動也是「與之相應」的。德蕾莎修女留下過一句名言：「『愛』的相反詞是『冷漠』」，所以我們不去關注的事物，是不會放射出「愛」

等高頻波動的，光子也是。而「自己」多少都會受到那些事物的影響，因此建議儘早捨棄。

3 感謝

首先請試著感謝「那個空間」。其次，試著感謝「存在於那個空間的東西」或「處在那個空間裡的人」。

感謝是能切換「那個空間」的波動．光子的一個簡單方法。

例如和家人吵架後，在房間裡，你是否會覺得就是無法平靜下來，心情很糟呢？就是會想到吵架時的景象，或是想到當時的情緒……。

其實這時候，家具、地毯以及空間整體都有受到人們放射出的憤怒光子的影響。如果家具有腳，或許會想逃跑呢（苦笑）。

因此請出聲說：「對不起。謝謝。」並關注在這兩句話上。像這樣，單是對著空間或家具說話，空間的波動就會改變。

注意到「自己所處空間、經常前往場所的波動、光子是什麼樣的感覺呢？」而活，並每次都仔細地進行修正。

客廳、廁所、臥室、浴室、職場、常去的超市……既然都會受到這些空間的影響，那當然會希望是受到讓心情變好的影響吧。

留心到前述三點，同時自己所散發出的情感・波動・光子愈是充滿較多的喜悅，自然地，也會有更多處在那個地方的人們變得冷靜、平穩。

刻意去接觸「高波動的事物」

在「地球」這個能量場、世界上、社會中，既有能提升「自己波動」的事物，也有會降低的。

這兩者無所謂「好」或「壞」，按原理原則來說，只要接觸到能提升「自己波動」的事物（高波動的事物），心靈就會變得沉穩，引發產生沉穩的思考或想像；若接觸到會降低「自己波動」的事物（低波動的事物），就會無謂地讓心靈變得紛亂，引發產生瘋狂、沮喪感的思考或想像。

正因如此，希望大家從日常起就能刻意去接觸會提升「自己波動」的事物（高波動的事物），不過人只要活著就也會接觸到會降低「自己波動」的事物（低波動的事物）呢。

這時候，不要被無謂擾亂的心・情緒給牽著鼻子走，請進行「必要的應對」。所謂「必要的應對」有各種各樣，簡單一點的，**就是推薦各位去接觸能提高「自己波動」的事物（高波動的事物）**。

假設有張辦公桌有著許多煩躁不安的波動・光子。不用說，這張辦公桌就是會降低「自己的波動」的事物（低波動的事物）。

若是使用這張辦公桌工作，即便之前都還很開朗，中途就容易開始變得煩躁起來。煩躁地做著工作時，理所當然的表現就會不好，而且自己也會疲憊不已。

因此，我們不要捕捉那樣的煩躁來工作，而要先試著面對辦公桌，心懷「一直以來都很感謝你」的感恩，或是用喜歡的毛巾來擦拭書桌，讓那個地方充滿高波動的聲音、香氣、植物等，重振「自己」以及「那個場所」。

以前的我曾經將周遭的東西擺放得很雜亂，但現在則會仔細收好。原因就是現在跟大家說的內容，因為「物體中有著生命」。

若是這樣聽下來，或許有人會覺得我是個可疑人物，但我之所以會這樣想的原因，是來自於對日本特有的觀念——「萬物有神論」有共鳴，所以才衍生出那樣的想法。

因此，我經常會對物品說「謝謝你喔」「抱歉把你放在了這種地方」等等。

只要這樣做，自己、空間以及物品的波動都會提高，自己的表現也會大為提升，而且很不可思議的是，之後的發展也容易變得有趣起來。

雖然有時也會覺得做這一番功夫、用心有點麻煩，但若不這麼做，之後嚐到苦果的就會是「自己」喔。

覺得「好麻煩……」時，自己也受到了對象物品低波動的影響，所以愈是在這種時候，愈是要接觸能提升「自己波動」的物品（高波動的物品），並試著對空間或物品說出有愛的話語、意識，請試著去做這到這點吧。

試著模仿「態度凜然的人」吧

要能在日常感受到「無」或「沉靜的喜悅」，其中一個做法就是可以試著去模仿「沉著冷靜或態度凜然的人」。

在此所說的「模仿」，指的並不是「成為那個人」而是參考其「處世方式」的意思。

例如，我最近就正在模仿高倉健先生以及八千草薰小姐這些昭和時期的的知名演員。這頂多是我自己的想像，但我試著以「若是那位，平常是以怎樣的心態過生活呢？」「碰到這種情況時，會怎麼展現言行舉止呢？」這樣的視角來生活。結果，吵雜紛擾的事情消失了，日常中，感受到「無」與「沉靜的喜悅」的時間增加了。

話雖這麼說，但我要再三強調，「躍動的喜悅」並非不行，也可以去模仿看起來總是很有活力，給人「雀躍」「興奮」「尖叫」這種印象的人，自然湧現出這樣「躍動」的情感時，就請盡情享受那樣的情感吧。

在「躍動的喜悅」的情感冷靜下來時，建議可以試著進行冥想來度過「無」的時間，或是沉浸在深刻的感謝之情中，感受「沉靜的喜悅」。希望大家可以像上述那樣，感受到動與靜兩方面的喜悅。

我現在雖然是在模仿著高倉健先生與八千草薰小姐，但不可否認的是，我本來的性格是說起話來喋喋不休的，當不小心顯漏出那樣的性格，我會更加憐愛那樣的自己並享受那樣的瞬間，等到那分「躍動的喜悅」的情感冷靜下來，就進入到「沉穩模式」。

改善「放棄慣性」「休息慣性」「怠惰慣性」，讓人生更閃閃發光

各位是否有過以下的經驗？

冥想、運動、唸書、減肥、工作、發布貼文、打掃、學習等，有著對自己來說「最好能持續去做」的事情時，卻「雖然知道最好能持續下去，但就是無法持續下去……」「雖然知道最好要養成習慣，但很快就會放棄……」

我有很多這種經驗。當明顯是「放棄慣性」「休息慣性」「怠惰慣性」發作，建議採用「積極暗示」。

所謂的「積極暗示」是使用標語的心理技巧，可以在想養成某種習慣卻遭遇挫折時、輸給了誘惑時使用，非常有效。

具體來說可以怎麼做呢？

① 在紙上寫出如來自第三者的發言．把自己的名字填入與養成習慣有關的文章中
② 利用照片或圖畫使之視覺化（視情況，難以做到時，可以只寫出文字）
③ 把紙貼在重點場所（怠惰慣性容易發作的地方或顯眼處）

有研究結果指出，若覺得是「第三者所說的話」，會大幅提升「養成習慣」「持續下去的」成功率，所以①是非常重要的。

以下舉例來說明。

我很不擅長使用電腦以及智慧型手機，現在正在重新學習中，但我天生的「放棄慣性」「休息慣性」「怠惰慣性」會發作，所以經常想逃避。

不過，因為知道不要逃避這些，自己的未來才會更加閃亮，而且心靈與靈魂也理解那樣

可以進而讓更多的人閃閃發光，所以在使用電腦時，我會將寫有「如果是小純，一定能克服不擅長的事喔！只要習慣使用電腦就會變簡單了♪」的紙，貼在顯眼的地方，讓自己隨時都可以看到。

這種感覺很不可思議，但我卻覺得這些話像是電腦跟我說的（笑），若能覺得「連電腦都在支持我。真是很感謝呢……」想立刻逃走、飛速拋下一切的念頭就會減少了。

此外，我很喜歡吃巧克力，但有段時期為了減肥而戒了巧克力。可是，前述的放棄慣性發作了，決定「要來戒掉巧克力」幾小時後，我就跑到冰箱前徘徊了。

當時我採取的對策是，除了在冰箱門前貼上「小純，妳可以吃零食嗎？妳能變成這樣嗎？」這些話，同時還貼上最喜歡的女明星照片。

結果，我此次的「戒斷甜食」相當成功。

雖然只是「貼上一張紙」，但每次有這種體驗時，我都會感覺「這樣稍微下的一點功夫很重要啊。」

順帶一提，「正面暗示」的基本觀念就是在有想繼續下去的事情時，要寫成「去做〇〇吧！」或是「做〇〇！」這樣的文句；有想要抑止的事情時，則是寫成「不可以做〇〇！」的文句。不過就我自己親自試著去做了之後的感覺是，若是寫成像這樣如老師給出的指導、命令類文句，自己的波動或熱情是很難有所提升的。

能迅速寫出這些文句的人，就是如現在所說的「用基本型去進行」，這樣做當然也可以，但像我這樣「若是採用基本型，無法提升心情・波動……」的人，可以試著用稍微柔軟些的話語寫出激勵型文章，或是寫出如喜歡的偶像為自己加油般的文章。

肉乾
零食

注意月亮能量以療癒自己吧

人除了會受到想法的影響，也會受到月亮能量的影響。

因著月亮的引力，地球會發生漲潮、退潮，而人體中有六〇～七〇%的水分，幾乎是由水所構成的。因此據說，也很容易受到月亮引力的影響。

有個叫「生物潮理論」的概念，指出海水鹽分的濃度與人體鹽分濃度幾乎是同樣的，因此若大海會深受月亮的影響，人體也必然會大受影響。

接近滿月時，人體的能量會增加，細胞也會活性化，所以心情容易激昂，或是容易空轉，或是情緒上經常會不穩定。受到月球引力的影響，交感神經容易居於優位，出現各種各樣的變化，或是情緒不安定、無法入睡，或是反而想睡得不得了。

有人會煩躁不安、無法冷靜下來、莫名感到焦慮，但反過來也有人會覺得身體慵懶、沮喪不已，呈現在每個人身上的方式都不一樣。

此外，西方人在談到滿月時，似乎都會想到「狼人傳說」，據說也是因為滿月時容易發生事故或窮兇惡極的犯罪。或許有人認為那是迷信，但確有研究報告指出，發生這些事件的次數與月相有關。

可是，不論文明如何進步，月亮從古至今，一直都是以同樣的頻率節奏在運行。也就是說，生活在現代的我們可以說受到月亮盈虧的影響，若你有感覺到「沒幹勁」「沒活力」「沮喪」「煩躁不安」，那就只是自然的現象而已。

不過，我們不禁就忘了這樣的觀點，突然感受到身心上的變化時，就容易做出負面的評斷：「自己的人生中都沒有發生什麼好事。」精神上變得更容易陷入負面思考中，希望大家留意這點。

因此，以下要統整給大家在開創現實時與月亮打交道的重點。

1 正是在滿月時，才更是要樂觀以對

覺得沮喪、情緒不穩定、慵懶、想睡、身體不適、有緊張感時，不要做出「發生不好的事了」這樣的負面評斷，並過於不安地看待未來。可以用「最近是接近滿月了嗎？難不成是月亮的引力在作用？」「月亮的引力真是厲害啊！」這樣的想法來樂觀看待未來。

2 拋棄不必要的既定觀念、讓自己痛苦的想法、不需要的物質等

滿月是月相充盈的時候，充盈後就會開始虧缺。所以適合利用那分能量，拋棄不需要的東西。具體來說，可以打掃房間，但此時也能輕易放手對之後人生來說不需要的既定觀念與想法，所以請試著開口說：「我要放棄那樣的想法。」只要擺脫負面思考，就會空出空間來，容易產生出新的、好的想法。

3 想像並感謝「願望」實現的瞬間

進行①②後，若生活能稍微過得安心些那就好。

但若之後要再度向宇宙許下心願，只要如自古以來那樣對神明表達滿月收穫的感謝之意，然後想像「願望實現後，那分感謝的心情會是怎麼樣的呢」就好。

在日常生活中留意深呼吸

要調整自己「現今」的狀態，建議可以關注自己的呼吸。

你平常是否有在注意自己的呼吸？

其實，只要刻意去進行深呼吸，現實就會自動做出調整。

不過是進行深呼吸而已，就能調整自己身心的狀態、波動，並創造出與那個狀態・波動相合的現實。我自從出院後，在思考除了進行冥想，還可以做些什麼來調整當下的時候，想到的其中一個方法就是呼吸。即便是進行冥想，我也是會進行關注在呼吸上的冥想，而「深呼吸」這點的好處在於，隨時隨地都可以做。

不論有多喜歡冥想，也不可能在二十四小時中一直進行冥想，但「深呼吸」這個行為隨時隨地都能做到，而且只要習慣了，自然地就會「處於能長時間那麼做的狀態」。

很多人都是無意識地在進行呼吸吧。應該不會時常確認自己呼吸的狀態，但「呼吸淺時」，心容易紛亂，身體也容易僵硬。那樣的波動狀態就是「低」「弱」的狀態。反過來說，「呼吸深時」心靈較穩定，身體也是放鬆狀態。那樣的波動狀態就是「高」「強」的狀態。

以那樣的身心狀態・波動來生活，就能生活在與之相符的現象中，自己的心將會變得更沉穩，身體也會變得更放鬆。而波動則會變得更高、更強，會更容易創造出與之相呼應的事物。

其實，只要在日常生活中「留意深呼吸」，比起「自己的呼吸」，「自己的狀態」更會有所改變，進而導致創造出現實來，希望大家能知道這點。

在一開始時，可以用「回過神時就深呼吸」這樣的感覺來增加深呼吸的機會。

這麼一來，呼吸變淺時，換句話說，也就是注意到「自己沒在進行深呼吸」時，就會覺得怪怪的。

這時候，只要試著進行深呼吸，或特別留意到「深呼吸」，就會變成是「回過神來才發現，平常就有在『深呼吸』了」的狀態。

只要注意「姿勢」，人生就會改變

希望大家除了要留意深呼吸，還要注意「姿勢」，這兩個可說是一個套組，因為處在駝背狀態下時是無法深呼吸的喔。因此請試著在日常中留意深呼吸，並注意自己的姿勢吧。

為什麼姿勢很重要呢？若是駝背姿勢，不僅會壓迫到內臟，骨骼也會歪曲，只要注意到這些，應該所有人都會認為「姿勢很重要」，不過從「大腦機制」的觀點來看，「姿勢也很重要」。

這部分是屬於腦科學領域的內容。我們人類的大腦有著非常厲害的高性能，而且性質非常坦率，所以我們在日常中理所當然在使用著的言靈、做出的行為，會被視為「這個人就是這樣生活的啊」的指令。

而在這之中就包含了「姿勢」！

你的姿勢，也被視為了「指令」。

經腦科學研究得知，姿勢也會影響思考模式。簡單來說，往下的姿勢會導致負面思考，往上的姿勢會引發正面思考，因此若總是縮肩、低頭的過生活，就是在告訴大腦「這個人想以『負面想法』過生活」，並形成這樣的思考。這麼一來，之後大腦就會持續捕捉「負面」資訊，使自己與那類型的人扯上關係，或出現那樣的發展。

相反地，抬頭挺胸、眼睛朝上看地過日子，就是在告訴大腦「這個人想以『正面思考』來生活」，並形成那樣的思考。結果，之後大腦就會持續去捕捉像那樣的「資訊」，讓自己能碰見那類型的人，或出現那樣的發展。

實際上，你應該也能感受到，受到「姿勢好壞」影響的那瞬間所萌生出的思考・情感差異。

請現在立刻試試看吧。

請試著縮肩、垂頭看看。

是否會莫名地讓你感到難以萌生出安心或喜悅等積極正面的思考・情感呢？而且是否不僅會想嘆氣，心情似乎還變得陰鬱了起來？

那麼，相反地，請試著抬頭挺胸，抬眼上看。

是否會覺得莫名地就難以萌生出不安或擔心等負面消極的情感呢？

而且是否不僅會覺得舒暢且情緒也變高昂了呢？

你應該已經察覺到那種姿勢是「會安定精神與波動」「能信賴自己」「實現夢想、感受到幸福而活的人」的姿勢了吧？

其實，也有報告指出，大腦的覺醒程度、處理資訊的能力以及短期記憶力會因為我們是否有伸直背脊而有所不同。只要伸直背脊，就能拿出幹勁、增加專注力，事務工作也會大有進展。

此外，就「『預先收獲波動』並開創現實」的意義來說，意識到「夢想實現時的心態」而生活是非常重要的。

有著「想在這樣的世界中生活~」時，為了能在其中生活，你會縮肩低頭地過生活嗎？那時候的你是否有對那個瞬間感到滿足‧充實，並抬頭挺胸的過日子呢？

這麼做不僅可以讓你意識到姿勢的重要性，也能「預先獲取波動」，所以不論什麼夢想‧願望的創造性都會所提升。

而且這是現在這個當下就可以開始去做的。請務必採用深呼吸的姿勢、視線上抬、帶著笑容，堂堂正正地活下去♪

應該也有人本來的體型，或是現在的體型是比較難以伸直背脊或是打開肩膀的。若是如此，請試著留意在自己能做到的範圍內保持「良好姿勢」就好。

結語

謝謝各位讀到這裡。

覺得如何呢？

你一定會開創出你所期望的「豐盛現實」。

而那就算是沒有感受到雀躍・興奮・高昂，沒有保持開朗的心情時也能開創出來。當然，若是自然就感受到那樣開朗情緒的時候，希望大家可以好好享受那段時間，但不用勉強要去品味那樣的情緒，保持更為寧靜的狀態，也能創造出超出你期望的現實。

為此，除了具體的「思考法」「過生活法」「步驟」之外，本書也另外介紹到了若是碰到些阻礙時該怎麼應對。

此外，若能理解本書內容，就不太容易陷入「負面迴圈」，或是假設就算陷進去了，也容易擺脫，例如在體驗到辛苦的狀況，或感受到悔恨體驗的那些瞬間，覺得「為什麼會發生這種事呢？（哭）」因而消沉沮喪、產生偏見，痛苦到淚流不止……。然後想要努力把狀況轉往好的方向，拚命地試著讓自己興奮起來、勉強自己去想像光明未來，但因為這些不是打心底所品味到的情感，於是導致狀況停滯・惡化……等情況。

二〇二一年八月。這天是我被帶去「宇宙彼端」的日子，當時的經驗也就是俗話說的「渡過了三途川*」。因為有了那樣辛苦的體驗、進行那樣辛苦的治療，當時我經常躺在醫院病床上哭泣。

所以若問我：「想再次體驗相同的事情嗎？」我的回答是：「ＮＯ。」但在「宇宙彼端」獲得的資訊相當深刻，是人生路上非常寶貴的經驗，現今，我真心認為，包含「生病」的體驗在內，「我曾有過那些經驗真是太好了」。因為若沒有過那些體驗，我也不會有到達「宇宙彼端」的經驗。

只要這麼一想，的確還真是「一切都很順利」啊！

人生中還真沒有一個是「無謂的體驗」呢。

察覺到這點後，我就更容易將「一切都很順利」的意識置於軸心上，並提高視角、保持高波動，而且自從變成那樣之後，「狀況逐漸好轉的情況」就更是超乎想像了（笑）。

所以啊，希望你不論在什麼時候，都要保持著「一切都很順利」的沉穩意識以及高視角。同時在感受到「開心」時，要更歡喜地想著「果然一切都很順利」，而在感到「悲傷」時，則要更去相信「正因為發生了這件事，之後絕對會順利」，就真的會產生出「一切都很順利」的循環。

不過啊，我雖然說了一大堆，但最想說的還是這個（笑）。

你絕對沒問題的。你的人生一切都會很順利，所以不要莫名地心神不定，不要莫名地嘆

＊註：三途川，日本傳說中介於陰陽兩界的河川，此句即「鬼門關前走一遭」之意。

氣，相信「宇宙」以及「自己」，試著安心地度過每一天吧。

期望我們能再次相會喔♪

高岡純子

《相信宇宙就好》

讀者免費贈禮

影片資料

能獲得無限的豐盛！超受歡迎講師的特別對談

本書作者・小純與將潛意識解說得淺顯易懂的「思考學校」大石洋子小姐進行了特別的對談！私底下交情很好的兩人開心暢談宇宙理論以及潛意識是如何改變人生的，讓你的波動大為增幅！

※ 免費贈禮有公開在網頁上，不會以 CD、DVD、小冊子的形式進行發送。
※ 上述的免費贈禮會不經預告而結束，特次告知。
※ 網頁是以日文呈現。

請連結以下網址獲得這分免費贈禮

http://frstp.jp/space

Note

國家圖書館出版品預行編目(CIP)資料

相信宇宙就好：提升波動能量,加速開創現實/吉岡純子作；楊鈺儀譯. -- 初版. -- 新北市：世茂出版有限公司, 2024.02
面；　公分. -- (新時代；A33)
ISBN 978-626-7172-87-2(平裝)

1.CST: 心靈學 2.CST: 心靈感應 3.CST: 宇宙

175.9　　112020003

新時代A33

相信宇宙就好：提升波動能量，加速開創現實

作　　者／吉岡純子
譯　　者／楊鈺儀
總　　編／簡玉芬
封面設計／林芷伊
出 版 者／世茂出版有限公司
地　　址／(231)新北市新店區民生路19號5樓
電　　話／(02)2218-3277
傳　　真／(02)2218-3239（訂書專線）
劃撥帳號／19911841
戶　　名／世茂出版有限公司　單次郵購總金額未滿500元（含），請加80元掛號費
世茂官網／www.coolbooks.com.tw
排版製版／辰皓國際出版製作有限公司
印　　刷／傳興彩色印刷有限公司
初版一刷／2024年2月

ＩＳＢＮ／978-626-7172-87-2
ＥＩＳＢＮ／9786267172865 (PDF) 9786267172858 (EPUB)
定　　價／360元